中外文稀有版本文献

《哲学的贫困》

③

哲学之贫困

【德】卡尔·马克思 ◎ 著
杜竹君 ◎ 译

《哲学的贫困》的出版与传播

（代序）

蒲鲁东的《贫困的哲学》发表于1846年，从恩格斯给马克思的信中可知，马克思迅速做出反应并于1847年1月开始用法文写《哲学的贫困》。1847年4月初，这部著作基本完成并付印。6月15日，马克思为该书作了序言。1847年7月，《哲学的贫困》交卡·格·福格勒出版社在布鲁塞尔出版，共印800册，其中的150册运交给巴黎的出版商弗兰克，因而弗兰克的名字也刊印在《哲学的贫困》的扉页上。在这之后，在马克思的有生之年里，法文版《哲学的贫困》没有再版。

一 《哲学的贫困》在马克思和恩格斯生前及欧美世界的传播

《哲学的贫困》出版不久就产生了实际的影响，恩格斯在1847年9月给马克思写信，告诉他一个消息，即海尔贝格在比利时工人协会的会议上用法语作了一个演说，海尔贝格表示，"工人协会"是他最近几个月来所追求的目标，并且指出，他之所以坚定了这个信念是"有幸读了《哲学的贫困》最后一章"①。

---

① 《马克思恩格斯全集》第47卷，北京：人民出版社2004年版，第474页。

然而，这部著作最初的发行还有一些波折。在当时，每一本新书出版后，出版社都会给作者一定数量的免费赠书，这样，作者可以将这些免费赠书有选择地赠予有关人士，从而达到宣传或推销的目的。马克思也在《哲学的贫困》出版后制定了一个赠书名单，其中包括路易·勃朗。恩格斯与路易·勃朗的多次接触和交谈过程中发现他并未得到《哲学的贫困》，直到1847年11月13日，恩格斯"才终于出乎意料地知道"①，出版商弗兰克给每本赠书加收15苏②，以致大量的书积压在弗兰克手中，没有及时传播。

《哲学的贫困》法文第一版的印数不多，传播和发行渠道又受到政府的管制，因此总体效果不够理想。1880年，法国的茹尔·盖得的机关报《平等报》编辑部向马克思提出请求，希望可以刊登转载《哲学的贫困》中的几个段落。马克思同意，并专门写了《关于〈哲学的贫困〉》的引言，阐述了重刊此书的历史意义，但是完整的版本也未能再版。马克思生前的这个唯一的版本还曾在俄国传播，他在致库格曼的信中写道，他找不到任何一个地方像俄国那样普及他的一些著作，例如《哲学的贫困》和《政治经济学批判》。实际上，早在19世纪40年代，俄国先进的社会人士和政治活动家就已经熟知科学共产主义创始人的最重要著作，其中包括《哲学的贫困》法文第一版，它出现在彼得拉舍夫斯基派的图书馆里。

1885年1月下旬，经恩格斯审定，伯恩施坦和考茨基合译的《哲学的贫困》德文第一版在斯图加特出版。根据马克思在1876年1月1日送给娜·吴亭娜的一本1847年法文版上的修订，在校订过程中，恩格斯对文本做了许多的修改，加了许多注释。在附录中，恩格斯还收入了几篇相关文章：（1）马克思《论蒲鲁东》一文，摘自1865年《社会民主党人报》；（2）1859年柏林出版的马克思《政治经济学批判》的片断，即约翰·格雷提出的劳动货币交换乌托邦一段；（3）马克思于

---

① 《马克思恩格斯全集》第47卷，北京：人民出版社2004年版，第494页。
② 比利时当时的货币单位。

1848年发表的《关于自由贸易问题的演说》,"这个演说和《哲学的贫困》属于著者的同一个发展时期"①。更为重要的是,恩格斯在为其所作的序言中,通过批判德国崇拜"国家社会主义"的理论家、经济学者洛贝尔图斯,揭示了马克思的经济学说在19世纪40至60年代的创立过程,这使得德文第一版《哲学的贫困》在19世纪80年代更具有现实意义。

  一般说来,《哲学的贫困》出版后过了40年才开始真正产生影响。在19世纪60年代,虽然当时有针对德国社会民主党的"非常法",但工人革命运动的政治力量还是增长了。在马克思于1883年逝世后没几天,在哥本哈根举行的社会民主党代表大会的与会者们便决定以无愧于马克思学说创始人的方式来宣传他的学说。此时,除了中央机关报《社会民主党人报》外,理论刊物《新时代》也作为社会民主党的定期刊物开始出版发行。一年后,德国社会民主党在1884年10月举行的国会选举中获得了约550000张选票和24个议席。1883年,恩格斯的著作《社会主义从空想到科学的发展》的德文版发行了,《共产党宣言》出了新德文版,恩格斯最关心的《资本论》第1卷德文第三版也问世了,1884年还出版了恩格斯的著作《家庭、私有制和国家的起源》。这种强大的攻势并没有到此为止。1885年初,由爱德华·伯恩施坦和卡尔·考茨基主持并受到恩格斯关怀的马克思的《哲学的贫困》德文版出版了,只有出了这个德文版,这部著作才获得了世界的承认。随后《资本论》第2卷德文第一版和《反杜林论》第二版出版。其中,马克思的《哲学的贫困》为社会民主党提供了重要的论据,当时,德国社会民主党是国际工人运动中最先进的部分,按照恩格斯的评价,它最懂得在阶级斗争的三个方面,即在经济、政治和理论方面互相配合、互相联系,并有计划地领导阶级斗争。

---

① 《马克思恩格斯文集》第4卷,北京:人民出版社2009年版,第214页。

在《资本论》第 1 卷出版后，洛贝尔图斯著文指责马克思"剽窃"了他，并且"不指明出处"就大量使用了他的著作《关于我们国家经济制度的认识》。实际上，马克思在世时，既没有读过洛贝尔图斯的上述著作，也没有读到他的指责，因而马克思没有对这种无端的指责进行驳斥。马克思逝世后，恩格斯为马克思作了公正的辩护。他对洛贝尔图斯的答复一部分放在《资本论》第 2 卷的序言里，另一部分则放到了《哲学的贫困》的序言中。"没有别的办法，因为这两本书将同时出，而指责是洛贝尔图斯本人十分明确地提出来的。在《资本论》里我得庄严郑重，而在《贫困》的序言里我可以畅所欲言。"① 在《哲学的贫困》的序言中，恩格斯指出，洛贝尔图斯所谓的马克思从他那里借用的思想，英国的经济学家早就表述过，是洛贝尔图斯的"惊人的无知"才造成了他的"肆意诽谤"。1885 年 1 月初，这篇序言就以《马克思和洛贝尔图斯》为题刊登在《新时代》杂志第 1 期上。

马克思的《哲学的贫困》恰恰在当时具有一种马克思从未料到的意义。恩格斯利用这个机会提醒人们参悟马克思的《资本论》，相反，几个月后恩格斯在《资本论》第 2 卷的《序言》中又提醒人们参看马克思的《哲学的贫困》。如果没有马克思主义的主要著作《资本论》自 1867 年以来产生的影响，我们很难想象马克思的《哲学的贫困》会产生什么样的影响；这两者具有不可分割的联系，相互影响。卡尔·考茨基 1886 年在《新时代》上发表的一组文章《〈哲学的贫困〉与〈资本论〉》提醒人们注意这一联系，从中，主要是社会民主党的干部、议员和编辑们得到了重要的指导方针。马克思虽然在 1883 年逝世了，但他的学说却越来越成为工人运动的思想指针，并使一般精神生活革命化了。

在恩格斯逝世前后，《哲学的贫困》又出版了几种译本：1891 年，在西班牙的马德里出版了由梅萨翻译的《哲学的贫困》的修订第一版；

---

① 《马克思恩格斯全集》第 36 卷，北京：人民出版社 1975 年版，第 202 页。

1892年，德文第二版出版；除德文第一版序言外，恩格斯又为其作了一篇简短的序言，纠正原文中两处不准确的地方；1895年，意大利文第一版在博洛尼亚出版。恩格斯逝世后，1896年，马克思的女儿劳拉·拉法格整理的法文版第二版出版，该版也根据马克思送给娜·吴亭娜一书上的修正做了更正。其实，早在1885年恩格斯出版德文第一版时，劳拉·拉法格也正准备出版法文第二版，但是这一版的准备工作拖延了。直到恩格斯逝世以后，这一版才在巴黎出版。1898年，由巴加洛夫翻译的保加利亚文第一版在瓦尔纳出版；1900年，由科维尔奇翻译的英文第一版在伦敦出版；等等。从那时起，《哲学的贫困》被翻译为30多种文字在许多国家出版。以英文版为例，《哲学的贫困》至今已经发行了很多版本并多次再版。

英文版中引用最多、最为权威的版本是1976年出版的《马克思恩格斯全集》第4卷，英文版编者对《哲学的贫困》的基本概括一直影响着英语世界，如"马克思的《哲学的贫困》是成熟的马克思主义的最早著作之一"，"《哲学的贫困》是马克思作为一个经济学家的初次公开露面"，"这是第一次发表的概述马克思经济学理论基本论点的著作，这些论点是形成马克思主义政治经济学的出发点"，"在《哲学的贫困》中，马克思简洁而明确地表达了唯物主义历史观的本质"[①]，等等诸如此类的判断。

目前为止，欧美世界主要语种均出版了《马克思恩格斯全集》，包括英语、德语、法语、西班牙语、葡萄牙语、塞尔维亚语、波兰语、匈牙利语等，而各种语言的《马克思恩格斯全集》中无一例外均收录了《哲学的贫困》，因此，可以说，《哲学的贫困》是马克思、恩格斯经典著作中在欧美世界普及率最高的著作之一。

---

① *Karl Marx Frederick Engels Collected Works*, Volume 6, pp.7-8.

二 《哲学的贫困》在苏联的传播[①]

十月革命前后,《哲学的贫困》在俄国的普及率极高,从1886年第一个俄译本出现到苏联时期多次重译与再版,无不体现着这部著作对苏联民众的巨大影响,从而间接影响到我国;因此,厘清《哲学的贫困》在十月革命前后的出版历史,对我们在当今时代审视《哲学的贫困》的重要思想,具有不可或缺的启示意义。

1883年8月,第一个俄国马克思主义团体"劳动解放社"在日内瓦成立,它在成立之初随即发出了"关于出版《现代社会主义丛书》的通告",从这时起,马克思恩格斯著作的俄译本就在这套丛书内作为该社的正式出版物发行。一方面,由于该社的译本都在国外出版,且是全文,避开了书报检查制删减的威胁。另一方面,恩格斯给劳动解放社的出版活动提供了大量帮助。所以,劳动解放社的译本是十月革命前期的最优秀的译本。

在1884年3月2日,查苏里奇就致信恩格斯,请求他允许他们将《哲学的贫困》以俄文出版,并希望恩格斯把当时打算为准备付印的该书德文第一版所写的序言寄去,再看看校样提出意见。四天后,恩格斯致信查苏里奇:"《哲学的贫困》俄文译本出版的日子,不论对我或对马克思的女儿们来说,都将是一个节日。不言而喻,我是很愿意把对您也许有用的一切材料提供给您的。我的意见如下:除了德文译本,目前正在巴黎出版一个新的法文版本。我正在为这两个版本写一些注释,我将把注释的全文寄给您。马克思在柏林《社会民主党人报》(1865年)上发表的一篇《论蒲鲁东》的文章,可以用来作为序言,这篇文章差不多完全包括了我们所需要的东西……这篇文章只

[①] 这部分内容参照了姚颖的论文,《〈哲学的贫困〉在马克思恩格斯逝世前后及苏联时期出版史述要》,载《新东方》2009年第12期。

保存下来一份……如果在马克思或我的文稿里找不出第二份（几星期之内我就可以知道），那么您能很容易地通过伯恩施坦弄到一个抄本。我一定要给德文版专门写一篇序言……在我看来，俄国读者对此恐怕是不会感兴趣的，因为我们的冒牌社会主义者还没有渗透到他们当中去。但是，您对这一点会有自己的看法，这篇序言如果您认为有用，您可以自行处理。"① 据此，《哲学的贫困》俄文第一版于1886年在日内瓦出版时，查苏里奇加入了恩格斯为德文第一版写的序言。除此之外，还在附录中刊载了马克思在科隆陪审法庭上的辩护词的片段及《政治经济学批判》的片段。

19世纪后半期的沙皇俄国属于高压统治，严格的书报检查制度禁止一切有关马克思主义的出版物在俄国社会中传播，劳动解放社许多的出版物都是用手抄本的形式流传。但是，在19世纪90年代后半期突然出现了一种"非常独特的现象"，"在一个完全没有出版自由的专制制度国家里，在凶恶的政治反动势力对于任何一点政治不满情绪和反抗表示都肆意摧残的时代，革命的马克思主义的理论忽然打开了一条出现于受检查的刊物上的道路，而用来说明这个理论的语言虽然是伊索寓言式的，但终究是一切'感觉兴趣的人'都可以理解的。政府只惯于把（革命的）民意主义的理论当作危险的理论，却照例没有发觉这一理论的内部演变过程，而欢迎一切对这个理论的批评。等到政府醒悟过来的时候，等到书报检察官和宪兵这支笨重的军队终于发觉了新的敌人而加以攻击的时候，已经过去了不少的（照我们俄国的尺度来计算）时间了。在这个时期，马克思主义的书籍一本又一本地出版了，马克思主义的杂志和报纸相继创办起来了，大家都纷纷变成了马克思主义者，人们都来奉承马克思主义者，向马克思主义者献殷勤，出版家因为马克思主义书籍的畅销而兴高采烈"②。正因为如此，1898年，俄国基辅的库什涅列夫协会印刷厂公开出版了《哲学的贫困》第一章的单行本。但为

---

① 《马克思恩格斯全集》第36卷，北京：人民出版社1975年版，第121—122页。
② 《列宁全集》第1卷，北京：人民出版社1972年版，第233页。

了迎合书报检察机关的意旨，书中没有指明作者是谁，并歪曲了马克思有关革命实质的主张。

1899年5月1日，波波夫翻译的《哲学的贫困》被书报检察机关禁止，并且禁止劳动解放社的《哲学的贫困》在俄国的宣传。1901年，贾布利茨基和皮亚京出版社公开出版了由皮亚京和别利亚夫斯基从法文版译过来的《哲学的贫困》完整译本。上面还带有恩格斯的序言，但很快被沙皇政府没收了。书报检察官认为，该书在其现在的形式中，包含了旨在摧毁现存经济制度、国家制度和社会制度的论断，以及对预言无产阶级革命的、社会主义和共产主义的有害学说的宣传。由于国内局势紧张，不断的工人罢工，农民运动和学生运动的加剧，沙皇政府加大了书报检查的力度，1900年至1905年，马克思恩格斯著作不能在俄国公开出版，只能在国外发行，主要在日内瓦。

1905年至1907年，随着国内政治格局的变动，沙皇政府放松了书报检查，允许马克思主义的传播。至此，马克思恩格斯著作大量出版发行，迎来了俄文版传播史上的一次高潮。1905年"启蒙"书籍出版社出版了由乌尔里希翻译的《哲学的贫困》，该书包括恩格斯为德文第一版所作的序言和马克思的《论蒲鲁东》。孟什维克在《知识就是利益》这个期刊的1908年第1、2期上，刊登了《哲学的贫困》《格雷是蒲鲁东的先驱者》《关于自由贸易问题的演说》这几篇文章。1908至1917年，由于1905年革命失败，马克思主义的著作被大量销毁。因此，《哲学的贫困》没有再版。

十月革命胜利以前，人民渴望阅读马克思的政治文献，但当时的条件在客观上制约了马克思恩格斯著作的出版，加上沙俄时期对马克思恩格斯文献的毁灭性的删减。在苏维埃政权建立之初，文献出版的条件极其艰苦，"印刷设备损坏、纸张和油墨缺乏、有经验的出版印刷干部奔赴前线和阵亡"。更为重要的是，此时苏维埃俄国还没有一个统一的马克思学研究和出版中心。马克思恩格斯的著作不仅在莫斯科和彼得格勒的中央出版社出版，而且也在阿尔汉格尔斯克、库尔斯克、基辅、哈尔科夫、雅罗斯拉夫尔、塔什干、伊尔库茨克、明斯克等许多城市出版。由于出版社分散且没有统一的监督，因此只能翻印革命前的马克思恩格斯著作的版本，但好多都是被沙皇政府的书报检察机关删改得不成样子的版本。在当时，《哲学的贫困》就有查苏里奇、皮亚京及别利亚夫斯基、阿列克谢耶夫和乌尔里希几个译本。

1918年，《马克思恩格斯全集》俄文第一版第一次启动。在版本的编排计划中，曾打算第2卷收录《哲学的贫困》。但众所周知，从1918年到1922年的四年内，《马克思恩格斯全集》第一版的第一次启动仅出版了4卷：第3、4、5、6卷。第3卷收录了马克思恩格斯在1848至1849年革命和巴黎公社经验基础上所写的最重要的历史学著作；后3卷则是《资本论》的内容。

为了能集中出版事业，苏维埃人民委员会于1919年5月19日颁布了关于创立国家出版社的法令。沃洛夫斯基被任命为国家出版社的负责人。检查整个共和国范围内的出版活动就属于国家出版社的重要职责之一。为此，国家出版社下设了一个专门委员会，即马克思委员会，检查对马克思恩格斯著作翻译和再版，梁赞诺夫、斯克沃尔佐夫、斯捷潘诺夫、沃尔夫松、梅谢里亚科夫是委员会的成员。这时出版了一些按原文校订过的重要著作的译本，其中就包括《哲学的贫困》。

1920年12月8日，俄共（布）中央全会作出决定，建立世界上第一个马克思主义博物馆；1921年1月11日，根据梁赞诺夫的倡议，俄共（布）组织局决定，这个新的机构改组为马克思恩格斯研究院，使之成为收集、研究和科学发表马克思主义经典作家著作的科学中心。从1923年起，马克思恩格斯研究院展开了出版活动，他们不仅着手出版《马克思恩格斯全集》，还要重新刊印马克思恩格斯某些最重要的著作。1928年，在马克思恩格斯研究院第一任院长梁赞诺夫的主持下，下设在研究院内的国家出版社出版了由维·查苏里奇翻译、普列汉诺夫校订的《哲学的贫困》单行本。梁赞诺夫亲自为其作序。在这个单行本中，不仅收入了恩格斯为德文版第一、二版作的序言，卡尔·马克思的《论蒲鲁东》，还将1846年12月28日马克思致帕·瓦·安年科夫的信作为附录收入。在单行本的末尾还附有详细的注释和人名索引。1929年，该单行本的正文被收入《马克思恩格斯全集》俄文第一版的第5卷中。梁赞诺夫在这卷的"编者序"中指出："确实，这个译本不是从原文，而是从德文翻译过来的，但我们认真地核对了1847年法文版的原本。……恩格斯为德文版写的序言连同恩格斯在1883至1895年写的其他文章都将收录在第13卷中。"1930年，该单行本再版。

1938年11月14日，联共（布）中央委员会在《关于〈联共（布）党史简明教程〉出版后的宣传工作的决议》中揭露了马克思主义经典作家著作出版中的严重错误。中央委员会要求研究院的工作人员从根本上改革全部工作体系，并指出"清理意识形态部门的疏忽，特别要在马恩列研究院不合格的工作中寻找容许在马克思恩格斯全集翻译成俄语时歪曲和不准确的言辞出现的疏忽"的必要性。决议责成研究院在短期内修正被歪曲的内容，尽快重新出版《马克思恩格斯全集》。因此，从1939年起，开始了苏联出版和发表马克思恩格斯著作的新时期。1939至1940年，苏联马恩列研究院重新出版了一系列马克思恩格斯的著作，包括两卷本的马克思著作选集、《共产党宣言》《社会主义从空想到科学的发展》《雇佣劳动与资本》《工资、价格和利润》《德国农民战争》《法兰西阶级斗争》《费尔巴哈论》《路易·波拿巴的雾月十八日》和《关于共产主义者同盟的历史》等。1941年，新版《哲学的贫困》俄文单行本问世。

1955年，译自法文第一版，并参考了1885年与1892年德文版、1896年法文第二版所作修正的俄文版《哲学的贫困》被收入《马克思恩格斯全集》俄文第二版第4卷。恩格斯为德文第一、二版所作的序言分别被收入《马克思恩格斯全集》俄文第二版的第21、22卷。1956年，苏联国家政治书籍出版社根据《马克思恩格斯全集》俄文第二版的版本出版了《哲学的贫困》单行本，共184页。除正文之外，还包括马恩列研究院所作的说明，恩格斯为德文版第一、二版所作的序言及附录。附录包括1846年12月28日马克思致帕·瓦·安年科夫的信、《关于自由贸易问题的演说》《政治经济学批判》（摘录）以及《论蒲鲁东》四篇文章。从那时起到1973年，《哲学的贫困》单行本在苏联曾以14种语言出版了33次，总印数达到683000份。此后，苏联再没有出版过该书的新版本。

三　国内主要版本和传播情况

《哲学的贫困》是马克思主义在中国传播的重要著作之一，是中国人了解的第一批马克思的主要著作之一。《哲学的贫困》在中国的传播对于马克思主义哲学原理的系统化，对于马克思主义中国化的意义和作用是不容忽视的。

（一）新中国成立前的版本与传播

1903年2月25日，马君武在日本留学生主办的《译书汇编》杂志上发表了题为《社会主义与进化论比较》一文，在介绍西方的社会主义思想时，马君武提到了马克思，并且第一次用"唯物史观"和"阶级斗争"学说来概括马克思的理论。他虽然对马克思思想的实质还缺乏深邃的洞见，但是他已经充分意识到马克思思想的极端重要性以及对改造旧中国的巨大理论和实践意义。在这篇文章的最后，马君武特意列举了西方著名社会主义思想家的代表著作，在马克思的名下列有《英国工人阶级状况》《哲学的贫困》《共产党宣言》《政治经济学批判》和《资本论》，这也许是中国人第一次通过中文知道这部著作。

1903年3月，维新派开办的上海广智书局出版了赵必振翻译的《近世社会主义》一书，作者是日本人福井准造，这是近代中国较为系统地介绍社会主义学说的第一部译著。书中有"加陆马陆科斯（即卡尔·马克思）及其主义"一章，简要介绍了马克思的生平与活动，其中提到了《哲学的贫困》（当时译作《自哲理上所见之贫困》）的写作过程，而且，《哲学的贫困》中一些重要概念，如"生产力""生产关系""唯物史观""剩余价值""阶级斗争""社会主义"等，已经由日语译为中文，开始形成最初的马克思主义理论的概念体系。

1918年底，李大钊在北京大学组织了马克思主义研究团体，即"马尔克斯学说研究会"，到1920年，研究会已经初具规模并开展经常性的研究活动，特别值得一提的是，在李大钊的建议下，研究会建立了中国第一个马克思主义著作的图书室，命名为"亢慕义斋"，收藏有英文版的《哲学的贫困》，还有《共产党宣言》《雇佣劳动与资本》《路易·波拿巴的雾月十八日》《法兰西内战》等英译本。1919年5月，李大钊在《新青年》"马克思号"专辑中发表了《我的马克思主义观（上）》这一长篇论文。李大钊在文中不仅第一次系统介绍了马克思的学说，而且还通过日本学者河上肇的译文，集中展现了马克思表述唯物史观的主要著作，并且直接引用了《哲学的贫困》中的论述，这是中国人第一次了解到该书的内容，这也是书中内容第一次被译为中文，尽管只有简短的一段话。

他写道：

> 他那历史观的纲要，稍见于一八四七年公刊的《哲学的贫困》，及一八四八年公布的《共产者宣言》。而以一定的公式表出他的历史观，还在那一八五九年他作的那《经济学批评》的序文中。现在把这样著作里包含他那历史观的主要部分，节译于下，以供研究的资料。
>
> （一）见于《哲学的贫困》中的："经济学者蒲鲁东氏，把人类在一定的生产关系之下制造罗纱、麻布、绢布的事情，理解地极其明了。可是这一定的社会关系，也和罗纱、麻布等一样，是人类的生产物，他还没有理解。社会关系与生产力有密切的连络。人类随着获得新生产力，变化其生产方法；又随着变化生产方法，——随着变化他们的生活资料的方法——他们全变化他们的社会关系。

手臼造出有封建诸侯的社会。蒸汽制粉机造出有产业的资本家的社会。而这样顺应他们的物质的生产方法，以建设其社会关系的人类，同时又顺应他们的社会关系，以作出其主义、思想、范畴"①。

另一位热情宣传马克思主义的先驱者陈独秀于1922年5月5日，即马克思诞辰104周年之际发表了题为《马克思的两大精神》的一篇短文，陈独秀在文章中谈道："马克思的唯物史观虽然没有专书，但是他所著的《经济学批判》《共产党宣言》《哲学之贫困》三种书里都曾说明过这项道理。"②

李达也是中国共产党建党之前宣传马克思主义的理论家之一，更是堪称建党初期马克思主义出版事业的主要开创者与奠基人。在1921年党的一大上，李达被选为宣传部主任，主管党的宣传出版工作，他还担任中国共产党的第一个党刊，即《共产党》杂志的主编，并参加了《新青年》的编辑工作。1921年9月1日，李达在《新青年》第9卷第5号上登载了《人民出版社通告》，公布了该社当年的出版计划，准备出版"马克思全书"15种，包括《马克思传》《工钱劳动与资本》《价值价格与利润》《哥达纲领批评》《共产党宣言》《法兰西内战》《资本论入门》《剩余价值论》《经济学批评》《革命与反革命》《自由贸易论》《神圣家族》《犹太人问题》《历史法学派之哲学宣言》与《哲学之贫困》。从"马克思全书"的内容上看，涵盖了马克思主义哲学、政治经济学和科学社会主义三个组成部分。这一出版计划由于历史原因未能及时地落实。

1928年上海《思想》月刊第2、3期上发表了李铁声翻译的《〈哲学底贫困〉底拔萃》，这里节译的是该书的哲学内容的片断。译者是根据日本学者浅野晃编辑的《马克思主义的方法的形成——〈哲学的贫困〉中问题的提出与问题的解决》一书的顺序编辑的，该译本有选择

---

① 参见1919年5月、11月《新青年》第6卷第5、6号上的《我的马克思主义观》。
② 《陈独秀文章选编》，北京：生活·读书·新知三联书店1984年版，第193页。

地节译了《哲学的贫困》中的部分内容，并添加了标题，文前译者撰写了序言。以译者为第二章拟定的标题为例：

唯物史观底形成

唯物史观

（A）社会底经济形态底发展过程。（近代有产者的生产方法底成立）

（B）社会形态底内的连络底探究，—交互作用与决定要因。对立底均衡。

1. 一般的概括（下层建筑与上层建筑）

2. 经济构造。生产力与生产关系（阶级关系）

3. 物质生产底总过程（生产—交换—分配—消费）与社会的生活过程

4. 法制的，政治的生活过程

5. 意识过程

（C）变革的实践。（人们只在能变革的时候才变革。然而，人们要变革。）

从译者为《哲学的贫困》第二章拟定的标题看，当时的人们已经初步理解并掌握唯物史观的主要观点，即生产力决定生产关系、经济基础决定上层建筑这两对社会基本矛盾的原理，并使之合逻辑地引申出阶级斗争和革命的观点。1929年10月，上海水沫书店出版了杜竹君翻译的《哲学之贫困》，这是第一个中文全译本。书前附德文第一版的序言和德文第二版的按语，书后附录包括《论蒲鲁东》《政治经济学批判》第二章B，即关于货币计量单位的学说，以及《关于自由贸易问题的演说》三篇文章。该版的译者附言写于1929年6月15日。1930年10月，水沫书店再版该书，1946年5月，该版又在作家书屋重印，1947年10月和1949年2月，作家书屋又发行了第二版和第三版。从《政治经济学批判》和《共产党宣言》转向《哲学的贫困》，说明中国共产党对马克思唯物史观译介的视野拓展了。上海亚东图书馆于1930年4月出版了由程始仁编译的《辩证法经典》，该书摘译了八篇马克思和恩格斯关于唯物辩证法的论述，其中包括《哲学的贫困》第二章第一节和第五节的后半部分，篇名为"政治经济学的形而上学"。1930年8月，上海山城书店出版了巴克编译的《社会主义底基础》一书，这是一本文摘性专题集，由《哲学的贫困》等30余篇著述节译组成。

1932年7月，北平东亚书局出版了许德珩翻译的《哲学之贫乏》，该版根据1922年巴黎出版的法文本，同时参阅了1920年美国出版的英文本和日译本，因而是一个更为完善的译本。

许德珩在《我翻译〈哲学之贫乏〉的经过》一文中写道，"我之翻译马克思《哲学之贫乏》一书，是当时某些人宣传无政府主义言论的情况下，针对这股思潮而进行的"，"通过二八运动和争回里大的斗争，使我明确认识到：勤工俭学的理想在当时的社会里是很难实现的。无论是实行工读主义还是勤工俭学主义，都不能达到改造社会的目的，只有在马克思主义的指导下进行社会革命才是唯一的出路。从而增强了我攻读马克思主义经典著作的信心和决心，同时对于无政府主义的一套理论也更加不信任"①。1929年秋，上海一家出版社诚邀许德珩翻译马克思的《哲学的贫困》，许德珩欣然接受，他说："我想无政府主义思潮在国内甚是泛滥，马克思的这本书正是批判无政府主义的经典之作，译成中文，亟有必要，于是我就接受了。动手是在这年的十月初。可巧在我翻译了三分之一的时候，一天下午路过上海书店最多的四马路（今为福州路），忽然看见一家书店门口悬着大字广告牌，牌上写着'《哲学之贫困》出版了'。我看了又是欢喜，又是懊悔。欢喜的是，这本书已经出版，令人高兴；懊悔的是我竟然白花费了那些功夫去翻译别人已经出版的书。于是打定主意，决定不再翻译它了。回家来就把这个已经译起

---

① 《马克思恩格斯著作在中国的传播》，北京：人民出版社1983年版，第57、59页。

四万多字的稿子捆束起来，置之高阁，一方面写信给这家书店老板，表示自己愿意放弃这种工作。这本书在当时就如此搁置下来。"① 后来，许德珩发现前译本存在许多问题，于是重下决心继续开始翻译工作。这一译本在马克思主义翻译和传播历史上具有一定意义，在此之后，怎样更准确、更全面、更深刻地把握马克思的唯物史观就成为中国人的一个重要课题。

1942年至1944年期间，何思敬在抗日战争的艰苦条件下，在延安中央党校完成了《哲学的贫困》一书的翻译工作，这一版的主要特点是参照了英文译本，并在译文中增加了"英文版注"。由于抗战后期与解放战争时期的流动性大，这一版直到1949年9月才由解放社出版，11月又在北京、大连、上海等地同时翻印。1950年12月，中国人民大学重印，书前译者注明"教学用书、非卖品"。1953年11月，第二版第3次印刷时改由人民出版社出版，至1972年7月为第二版第7次印刷。

（二）新中国成立后的版本与传播

新中国成立以后，中国共产党高度重视马克思主义经典著作的编译工作，并自1956年起，中央编译局开始陆续出版《马克思恩格斯全集》（中文第一版），并在第4卷中收录了《哲学的贫困》全文，该卷出版于1958年8月。这一版本针对的是普通工人群众，因此，对于一些基本的哲学术语，编译者都利用注释加以说明，如"形而上学"②概念。

1961年11月，人民出版社发行了未署译者名的单行本，这一版的正文和注释均采用《马克思恩格斯全集》第4卷的译文，恩格斯写的两篇序言是由徐坚新译的，附录中的四篇译文分别采用已出版的马克思著作。1965年9月，该版进行了第11次印刷。另外，1964年10月，

---

① 《马克思恩格斯著作在中国的传播》，北京：人民出版社1983年版，第61页。
② 《马克思恩格斯全集》第4卷，北京：人民出版社1958年版，第138页。

该版还刊行了一种16开大字本,分三册平装。

自20世纪60年代起,中央编译局开始编选《马克思恩格斯选集》,这是中国读者盼望已久的一套书,但是,四卷本的《马克思恩格斯选集》刚刚印好就爆发了"文化大革命",这些印好的著作只能被尘封在书库里长达6年之久。1971年,周恩来总理主持召开了全国出版工作座谈会,并明确指示要重新编辑出版四卷本《马克思恩格斯选集》。这套书于1972年5月出版,其中节选了《哲学的贫困》第二章中的部分内容。

这期间,依据中共中央编译局的译文,人民出版社还出版了几种《哲学的贫困》的单行本,如1978年版。北京外文出版社根据《马克思恩格斯全集》俄文第二版的文本出版了俄文版《哲学的贫困》单行本,系32开平装本。

改革开放以后,为了满足广大读者的需求,人民出版社于1995年6月出版发行了《马克思恩格斯选集》第二版,1997年5月第3次印刷,印数达到32000册;2004年5月第5次印刷,印数达42000册;2008年11月第7次印刷,印数已达52000册。2009年12月,人民出版社出版刊行了10卷本的《马克思恩格斯文集》,第一卷中节选了《哲学的贫困》第二章的部分内容。2012年出版的《马克思恩格斯选集》第三版中也节选了《哲学的贫困》第二章的部分内容。以上版本与1958年出版的《马克思恩格斯全集》相比,中央编译局在译文上做了较大修改,在注释方面也有较多的增补,而且为读者提供了更多的背景知识。同时,译文中还体现了恩格斯编辑1885年德文版时的修改情况,马克思在送给娜·吴亭娜那本书中所做的修改也体现在注释中。

总之,《哲学的贫困》在中国的传播与中国革命的历程紧密契合,它对于中国人接受马克思主义原理具有重要作用。

(本文来自2013年中央编译出版社出版的姜海波所著《马克思〈哲学的贫困〉研究读本》有关内容。)

哲学之貧困

杜竹君訳

水沫書店

Karl Marx

哲學之貧困

杜竹君譯

水沫書店

1929

目　次

昂格斯序…………………………………………… 1
德譯第二版序………………………………………23
原序…………………………………………………24

第一章　科學上的一種發現
第一節　使用價值與交換價值之對立………… 3
第二節　構成價值或綜合價值………………20
第三節　價值的比例法則之應用……………63
　　　　A. 貨幣……………………………63
　　　　B. 剩餘勞動………………………76

第二章　經濟學之形而上學
　第一節　方法……………………………… 95
　第二節　分工與機器………………………125
　第三節　競爭與龔斷………………………146
　第四節　土地所有權或地貨………………158
　第五節　同盟罷工與工人的團結…………174

附錄一　卡爾・馬克思對於蒲魯東的批評……187
附錄二　約翰葛雷及其勞動券的理論…………201
附錄三　自由貿易問題…………………………209

昂格斯序

這本書，是一八四六至一八四七年冬，即馬克思已經說明他關於歷史的經濟的新的理解方法之原則的時期所作的。剛才出現的蒲魯東的經濟矛盾之體系，或稱貧困之哲學，恰好給馬克思以機會來發揮他的原則，而以之與當時在法國社會主義者中占了優越地位的人之意見對立。自從這兩人在巴黎往往徹夜地共同討論經濟問題以來，他們所走的道路已是愈離愈遠；蒲魯東的著作已表示他們中間已有一道不可逾越的深淵；要默而不言是不可能的；馬克思在他給蒲魯東這個回答中，即已證明這種不可救藥的破裂了。

2　昂格斯序

馬克思對於蒲魯東之總括的評判，在第一次登在柏林社會民主報(le Sozialdemokrat de Berlin)十六，十七至十八號，幷轉載在本書附錄的文章中，卽表現出來了。這是馬克思在這刊物中所寫的一篇唯一的文章。因爲石外則爾先生(M. von Schweitzer)將這個報投降到政府與封建的勢力方面之企圖，殆已直接表明，於是使我們在幾星期後，卽不得不公開撤銷我們的合作。

這部著作，現在對於德國有重大影響，這是馬克思所不曾預料到的。誰能知道因爲攻擊蒲魯東，同時卽打擊了現在的倖進者之偶像，卽他連名字都不曾認識的羅得伯爾妥斯(Rodbertus)。

此處不是談到馬克思與羅得伯爾妥斯中間所有的關係的地方；我不久卽有機會可以說到的。此處只要說：羅得伯爾妥斯攻詰馬克思，說他"剽竊"了他的意見，幷"在其資本論中屢屢利用了他的著作：Zur Erkentniss……而沒有提及他的名字，"其實這是一種誹謗，而這種誹謗只是表明對於一位被蔑視的天才之壞脾氣，以及對于普魯士以外所發生的事物——尤其是經濟學與社會主義的文獻——之明顯的蒙昧無知。這些攻詰以及我們上面所引用的羅得伯爾妥斯的著作，馬克思從來沒有看見過；他只知道羅得伯爾妥斯的三封"社會書信"(Sozialen Briefe)，而這些書信，還是在一八五八年，或一八五九年以後才看見的。

在這些書信中，羅得伯爾妥斯以爲在蒲魯東以前好久就發現了"蒲魯東的構成價值"，那還比較有理由點。但是，他信以爲是第一個發現的，那就錯了。無論如何，我們的書把他與蒲魯東共同來批評，因此就不得不稍微說到他的"基本的"小册子：我們的經濟狀態的認識 (Zur Erkenntniss unserer staatswirchaftichen zustände 1842)，至少因爲這本書除開所包含的衞特林 (Ia Weitling)式的共產主義之外——雖然是不自覺的——他還是在蒲魯東以先的。

近代的社會主義，無論此外的傾向如何，祇要他是從資產階級的經濟學着手，差不多特別牽連到李嘉圖的價值論的。李嘉圖於一八一七年在他的原論的開首所提出的兩個命題：1.各種商品的價值，唯一由其生產所必要的勞動量來決定的，2.社會勞動全體的生產品，由地主（地貸），資本家（利潤）及勞動者（工資）三階級來分配的，自一八二一年以來，這兩個命題已經在英國成爲社會主義的結論之材料。這兩個命題，如許深切著明地推論到：現在殆已滅消而大部分

4　昂格斯序

爲馬克思所發現的這種文字，一直到資本論出現，還是沒有人能夠凌駕而上的。關於這一層，我們另外還要說到的。一八四二年，羅得伯爾妥斯從他那方面抽出上面所引用的命題之社會主義結論，當時在一個德國人看來，的確是有一重要的進步，但只是爲德國一種發現而已。馬克思給陷於同樣的想像的蒲魯東證明如此重新應用李嘉圖的學說。

"凡屬英國稍許熟悉經濟學的發展的人，誰都知道這國一切社會主義者，差不多在各時代，都提議李嘉圖學說之平等的（卽社會主義的）應用。我們可能給蒲魯東引證一八二二年霍普金士（Hopkins）的經濟學，一八二七年維廉·多普孫（William Thompson）之增進人類幸福之財富分配原理的研究，一八二八年愛德蒙次（T. R. Edmonds）之實踐的，道德的，政治的經濟學等等；而且還可以增加四頁如此等類的例子。我們只說到一位英國共產主義者布勒伊（Bray）一八三九年在里次（Leeds）出版之著名的著作：勞動的禍害與勞動的救濟，就夠了。"那末，以布勒伊惟一的引證，卽大部分消滅羅得伯爾妥斯所要求的優先權。

當這樣時期，馬克思還不曾進到"大英博物館"的圖書室。除開巴黎與布魯塞的圖書館，除開一八四五年夏季，我們同在英國之六星期的旅行期間,他讀過我的書,我的選本以外,他只瀏覽過在曼徹斯特所得到的書而已。所以我們所說的文獻,在當時決不是與現在一樣,不能接近的。假若縱令如此,羅得伯爾妥斯還不曾知道這些文獻,這全由於他是一個狹小的普魯士人呢。他是專屬於普魯士的社會主之真正創始者,畢竟他以此而著名的。

然而,就是在他所最愛的普魯士,羅得伯爾妥斯也不應當自安於孤陋寡聞的地方。一八五九年,馬克思的經濟學批評第一卷在柏林出版了。在其四十頁中,舉出經濟學家對於李嘉圖所提起的反駁中之第二個反駁如次:"假設一種生產品的交換價值等於其中所包含的勞動時間,則一勞動日的交換價值等於他的生產品。或者可以說,工資應當等於勞動底生產品。然則,事實恰好的相反"。註解說:"經濟學家方面對於李嘉圖這種反駁,嗣後又由社會主義者再提出來了。假設這個公式在理論上是正確的,實際上就與理論相矛盾的,而資產階級的社會要實行利用理論的原則所發生的結果。至少在這種意義中,有些英國社會主義者,將李嘉圖之交換價值的公式轉過來反對經濟學。這種註解,即可參照當時在各書局之馬克思的哲學之貧困。

6　昂　格　斯　序

因此，很容易使羅得伯爾妥斯自己確信一八四二年他的發現爲眞的新發現。却不如此，他不斷地宣揚他的新發現，幷以爲他自己的新發現是無比儔的。他腦經中簡直想不到，馬克思也能夠像他那樣，從李嘉圖學說中得到他自己的結論。他以爲那是不可能的事。馬克思"剽竊"了他！其實，馬克思給他以一切便宜，使他能夠確信；在他好久以前，這些結論——至少在羅得伯爾妥斯的著作中所表現的草率的形式之下——早已表現在英國了。

李嘉圖學說之最簡單的社會主義的應用，即是我們上面所指示的應用。在各種情形之下，這種應用已引導到剩餘價値的起源與性質之觀察，即超越李嘉圖甚遠的觀察。在羅得伯爾妥斯也是如此。不獨在這種思想方面，他毫沒有提出在他以前所已說到的事情，他的敍述還有與他的先驅者的敍述同樣的缺點：他只就經濟學家將經濟範疇傳授給他的粗笨形式、來承認勞動，資本，價値的經濟範疇，而經濟學家只看到與諸範疇的外觀結合的形式，幷沒有硏究他的內容。這樣，他不限制了充分發展諸範疇的一切方法——恰好與馬克思相反，馬克思從六十四年以來屢屢重述的這些命題才做了一些成績——他却採取正走向空想的道路，如人們所指示的情形。

如以上所謂李嘉圖學說的應用，向勞動者指出他們生產品之社會生產的全部，因為他們是唯一的生產者，故應屬之於他們，這樣正引導到社會主義的道路云云。但是，如馬克思所指示的，這樣應用，就經濟學上說，形式上是錯誤的，因為他單是在經濟上之道德的應用而已。照資產階級經濟學的法則，生產品的最大部分不屬於製造生產品的勞動者的。那末，如果我們說，這是不正當的，這是不應當的：那是與經濟學沒有甚麼相干的。我們僅說、這種經濟的事實是與我們道德感情不相容的。此所以馬克思決不把他的共產主義的要求建立在這種情形之上，但是建立在資本主義的生產方式之必然崩潰之上，而這種崩潰，即在我們目前一天一天成熟了。他不過說，剩餘價值是由無報酬的勞動而成的：這是一件簡單純粹的事實。但是，在經濟學的觀點，形式上是錯誤的事情，在世界歷史的觀點，還可以是正確的。如果羣衆之道德的感情，把從前隸奴制度或農奴制度，一種經濟的事實視為不正當的，這樣即證明：這種事實本身即是一種殘留的東西；其他的經濟事實發生，則最初的經濟事實即成為不能維持了。所以一種很實在的經濟內容可以隱藏在經

昂格斯序

濟學的形式上的錯謬後面。但是，這個問題已經牽涉到剩餘價值學說的重要與歷史的問題了。

人們還可以從李嘉圖價值論抽出其他的結論，并且現已這樣做了。商品的價值由其生產所必要的勞動來決定的。然則，在這可惡的世界中，拿商品來買賣，時而在他的價值以上，時而在他的價值以下，并不使簡單地與競爭的變動有關係的。同樣，利潤率有一種重大的傾向，即對一切資本家保持同一的水平綫，而商品的價格也想以供給與需要的媒介歸結到勞動的價值。但是利潤率是依照一種工業經營中所使用的全部資本來計算的；那末，如在兩個不同的工業部門中，每年的生產可以組合相等的勞動，即表現相等的價值；并且，如果在這兩部門中的工資可以同等地提高，則在彼此各部門中的已先付的資本，可以成為并常常成為兩倍或三倍，李嘉圖之價值的法則，如李嘉圖自己所已發現的法則，是與利潤率的均等法則相矛盾的。如果兩個工業部門的生產品照他們的價值來出賣，利潤率是不能相等的；但是如果利潤率相等，則兩工業部門的生產品，隨時隨地都不是照他們的價值而出賣的。那末，我們現在有一個矛盾，兩個經濟則法之間矛盾律。照李嘉圖的意思（第一章第四節至第五節），實際的解決，要正確地實現利率而犧牲價值才行。

但是，李嘉圖決定價值的學說，雖然帶有他的不祥的性質，但他有一方面使現代勇敢的資產階級去尊崇他。就是因這一方面，他的決定價值的學說以不可抵抗的力量喚起他們的正義的感情。正義與權利的平等，這就是十八世紀與十九世紀的資產階級所欲在非正義，不平等及封建的特權之廢址上用以建立他的社會的建築之支柱。用勞動做商品價值的決定，以及根據這價值尺度所發生權利相等的占有者之自由交換，如馬克思所已指示的，這是近代資產階級之一切政治的，法律的，哲學的意識形態所由建立之眞實的基礎。自從知道勞動是商品的尺度以後，勇敢的資產階級之善良的感情，卽因世人在名義上充分承認正義的原則，實際上時常毫無拘束而置之不理的惡行，深深感覺損傷了。特別是小資產階級，他的正當的勞動——其實這只是他的工人或他的徒弟的勞動——因大生產與機器的競爭之結果，一天一天更失掉他的價值，特別是小生產者，應熱心地要求生產品依照他的勞動價值之交換，成爲完全實現而無例外的社會；換句話說，他應當熱心地要求這樣一個社會，在這社會中，完全而無例外地爲商品生產的唯一法則所支配着，但是

10　　　昂　格　斯　序

唯一使這種有效的法則，即商品生產——尤其是資本主義的生產——之其他的法則之條件都消滅了的。

這種空想，已種下很深的根子在近代之現實的或理想的小資產階級的思想中了。下面所指示的事實，即是——這種理想已爲一八五一年約翰葛雷系體所發揮着，當時在英國實際試驗着并流行着，一八四二年羅得伯爾妥斯在德國以及一八四六年蒲魯東在法國宣言爲最新的眞理的，又一八七一年羅得伯爾妥斯更謂爲社會問題的解決，并可以謂爲他的社會的聖書的；而且至一八八四年，這種空想，得到所謂在羅得伯爾妥斯名義之下而竭力開拓普魯士國家社會主義的黨徒之贊成。

對於這種空想的批評，已由馬克思對於蒲魯東與葛雷一樣，充分提出來了（參攷本書附錄二），所以我在此處只可以提出關于羅得伯爾妥斯爲形成并說明這空想所採取的特別形式的幾句話而已。

如我們所已說的情形：羅得伯爾妥斯以經濟學家所傳授給他的正確的形式承認傳統的經濟學的概念。他爲審在這種概念并沒有過最輕微的試驗。在他看來，價值乃是"這一種物品對別一種物品之量的評價，而這評價是當作尺度的。"極而言之,這種不甚嚴密的定義,至多給我們以價值大概表現的觀念,但是,決沒有說到價值是甚麼。這是羅得伯爾妥斯關於價值所可以告訴我們的全部,很明顯的,他在價值以外來找價值的尺度。亞多爾夫·瓦格奈(Adolph Wagner,)先生所無限驚訝的這種抽象力,使使用價值與交換價值亂雜無章地改變幾百種相貌,于是達到這樣的結果——沒有價值之真正的尺度,僅有一種分外的尺度而已。勞動可以成為分外的尺度,但是僅僅在相等勞動量的生產品互相交換的情形之下,不管這種情形"自身如此,或是人們採取相當條件"來保證這種情形的。這樣,價值與勞動,依然沒有些微的真實關係,縱令第一章專為給我們說明商品如何并為甚麼"因勞動而發生價值,并只有勞動才能發生價值。

這裏,勞動還再表現出來,像在經濟學家學說中所發現的形式。不但如此,因為雖然只有簡單幾句話說到勞動強度的差別,但勞動大概被視為"價值的"某種事物,即是說,勞動是價值的尺度,不管勞動是否按照社會之通常條件的平均狀態而費用。無論生產者使用十日以製造一日所能製造出來的,或只使用一日所能製造出來的生產品;他們使用最好或最壞的工具；他們應用他們的勞動時間以製造社會必要或按照社會所要求的量之貨物，或者他們生產人們毫不需要的的貨物或比社會所不需要的更多或少的貨物——這些都是不成問題的：勞動即是勞動，相等的勞動之生產品應當與相等的勞動生產品交換。在其他的情形之下，羅得伯爾妥斯，無論適當與否，永遠預備站在民族的觀點上，并從一般社會的觀察上面來考察孤立生產者的關係，但在此處，他却戰戰兢兢地避免這種情形。單是爲從他的書第一行起，他一直走向勞動券的空想，而分析視爲價值生產者的勞動，即有不可蹟越的阻礙充塞他的道路。即此可見他的本能比他的抽象力更強得多，或者附帶說一句，在羅得伯爾妥斯學說中，只以最具體的淺薄觀念卽能發現的。

要達到空想是很容易的。依照勞動價值各同依照一絕對的規律來決定商品交換之設備，是沒有甚麽困難的。所有這種傾向之其他的空想家，從葛雷以至蒲魯東，都爲實現這種目的之社會的標準而煞費苦心。他們至少竭力用經濟的方法，即依交換商品之商品所有者的行爲來解決經濟上的問題。羅得伯爾妥斯以爲這是很簡單的。他那善良的普魯士人可以訴之於國家的。公共權力的一紙命令可以施行改革的。

那末如此，則價值幸而"搆成了，"但不是羅得伯爾妥斯所要求的這種搆成的優先權。反之，葛雷亦如布勒伊——在許多其他的人中——在羅得伯爾妥斯很久以前，屢屢充分背誦同一的思想：他們誠心誠意地希望生產品永久并唯一地按照其勞動價值賴以互相交換的尺度，雖然有一切障礙。

在國家這樣搆成了價值以後——至少是說生產品之一部分的價值，因爲羅得伯爾妥斯謙遜的緣故——他發行他的勞動券，實際是給工業資本家以預支的款子，工業資本家以這種款子付給工人；於是工人以他們所收的勞動券購買生產品，因之使紙幣仍囘到他的出發點。這種情形如何奇巧地發展起來，這是必須由羅得伯爾妥斯自已那里學得來的。

"關於所謂第二個條件，人們將達到這樣的設置，卽要求在券上所證明的價值實在能夠流通，而只給交付生產品的人以一張券，在券上正確地記載着爲製造生產品所必要的勞動量。所謂交付兩勞動日的一種生產品的人，收受一張記載着"兩勞動日"的券。第二個條件，必然在發行勞動券時要正確遵守這規則的。照我們的假定，財產的眞實價值，是與其生產所費用的勞動量一致的，而這勞動量，以所得的時問的區分做尺度；所謂交付費了兩勞動日的一種生產品的人，如果他得到給他證明兩勞動日的東西，則他只得到給他擔保或證明，與他實際交付的物品完全同樣的價值的東西——而且，因為這一個人得到一個同樣的證明，證明實在使一種生產品能夠流通，則記載在券上的價值，是可以償付社會的費用，同樣是確實的。如果照人們的需要來擴大分工的範圍，如果充分遵照上面的規則，則得以使用的價值之總量，應該恰好等於所證明的價值之綜量；那末，因為所證明價值之綜量，恰好是所指定的價值之綜量，則這種所指定的價值，必然要變成得以使用的價值，一切要求都滿足，而且清算是正確的"（一六六與一六七頁）。

假使羅得伯爾妥斯一直到現在不幸他的發現太晚，這回他至少有一種獨創的功績：他的競爭者中，沒有那一個敢於把這種純然幼稚的形式加在勞動券之愚蠢的空想上面。因為交付一種相當價值的對象作為張每券，任何價值的對象，只是交付一種相當的券，券的綜額必然與價值的對象之綜額一致的。計算起來，沒有稍微的剩餘，恰好是**勞動時間的秒**一般，並沒有公債金庫高級官可以指摘最輕的錯誤的，縱令要清理他的職守。再希望甚麼呢？

在現代資本主義社會中，每個資本家由他自己的主張去生產他所願意的，如同他願意的，以及他所願意多少的東西。他以為社會所要求的分量是一個未知數，而且不懂得所需要的物品的質與量。今天不能很迅速地供給的東西，明天可以供給到需要以上的。然而，好好歹歹終可以滿足需要的，大概生產終久按照所需要的物品而規定的。怎樣實現這種矛盾的調和呢？即由競爭而實現。競爭之怎樣達到解決呢？一方面簡單地使社會需要的現狀中，關于質與量所謂不必要的商品降低到他的勞動價值以下，一方面用這種間接的方法，使生產者感覺着他們製造絕對不必要的貨物，或他們製造不必要的分量，即剩餘。結果有兩件事：

第一，商品價格對于商品價值之繼續的偏差，是爲商品價值得以存在之必要的條件。只是由競爭的變動，因之商品價格的變動，價值的法則才在商品生產中實現出來，而以社會必要的勞動時間做價值的決定，才變成一種實際。價值的表現形態，即價格，照一般的規則，有一種與他所表示的價值全然不同的外觀，即是他與大部分的社會關係共通的一種命運。國王每每與他所代表的王國相似的。在相互交換的商品生產者的社會中，想以勞動時間決定價值，由此禁止競爭他所形成的唯一的形式中，建立價值的決定同時影響於價格，這卽是證明：至少在這個領域中，人們承認經濟法則之習慣的，空想的誤解了。

第二，在互相交換的生產者之社會中，競爭，一方面實現商品生產的價值法則，同時由此幷在一定的條件之下，建立社會生產之唯一可能的組織與唯一的秩序。只是由生產品的價格之低落或增加，孤立的商品生產者才知道社會要消費他們自己的甚麼生產品與若干生產品。但是，羅得伯爾妥斯所贊成的空想要消滅的，這正是個唯一的調節者。那末，如果我們問：我們有甚麼保證使人只生產每種生產品之必要的量，使我們旣不缺麥子，又不缺肉，同時蘿蔔糖有多，而富有馬鈴薯酒，遮蓋裸體的袴子也不感缺乏，同時袴子的扣子無限增加，——於是勝利的羅得伯爾妥斯向我們表示他的有名的計算書，在這計算書中，關於每斤剩餘的砂糖，每瓶沒有賣出的酒，每顆無用的袴扣都訂有一個正確證明書，而這計算書是"正確的，""滿足一切的要求，而清算也是正確的。"而且，誰要不相信他，只有通知波美拉尼（Pomeranie）的公債金庫的高級官 X 先生，他檢閱計算找出正確的計算，而且可視以爲在他的金庫計算中終沒有過一件錯誤的。

現在，我們試看羅得伯爾妥斯想藉他的空想來消滅工商業的恐慌之幼稚。自從商品生產發展到世界市場之大以後，由這種市場的變動，商業的恐慌，於是按照各個人的計算而生產的孤立的生產者，與他們爲之生產而不知道關于需要的質量多少之市場之間，得以平衡。如果對於競爭不使孤立的生產者由價格的高低認識市場的狀態，則完全蒙昧他們了。如果指導商品的生產，使生產者再不能明白他們爲之生產的市場狀態——這是愛生哈特（Eisenhart）博士對於羅得伯爾妥斯所羨慕的救濟恐慌法。

（1） 至少這是在最近之事實。自從英國因法國，德國，尤其是美國參與世界市場而逐漸失掉世界市場的壟斷，一種新的平衡形式要建立起來了。在恐慌未發生以前之一般的興旺時期不常有了；如果沒有這種興旺時期，則伴着輕微的動搖而發生的慢性的停頓，變成近代工業之常態了。

現在，我們知道爲甚麼羅得伯爾妥斯用勞動來決定商品的價值，至多他只承認勞動強度的種種程度而已。如果他自問爲甚麼并怎樣造成價值，因之而決定價值，并測量價

昂 格 斯 序

值、他即要考慮社會必要的勞動，即為個別生產品所必要的勞動，對於其他同種類的生產品，與對于社會所要求的總量一樣。他遇着這樣的問題：怎樣孤立的生產者的生產適合於全社會的需要，以及他的空想完全成為不可能。此處，事實上，他寧願抽象：他把要解決的問題抽象化。

最後，我們說到羅得伯爾妥斯真正貢獻給我們的幾件新的事物這一點，即與他的以勞動份做交換組織的一切同志區別之點。他們都宣言這種交換方式，其目的在破壞由資本對僱傭勞動的剝削。每個生產者應當得到他的生產品的全勞動價值。他們一致站在這一點上面，從葛雷以至蒲魯東都是如此。反之，羅得伯爾妥斯說：決不然。僱傭勞動及其剝削繼續存在。

開始，沒有這樣可能的社會狀態，使勞動者可以收入他的生產品之全部價值作為他自己的消費。生產的資本，應當供給在經濟上不生產的，而是必要的多數機能；因之生產的資本，應當維持多數機能有關係的人。這點只有在現在分工制存在時，才是真的。在一般生產的勞動成為義務的社會中——但是可能的社會——這種見解即不能成立的。依然有預備的與蓄積的社會資本之必要，那末當時勞動者，即一切的人依然占有并享受他們的全部生產品，而每個孤立的勞動者却不會享受他的勞動之全部生產品。以勞動生產品維持在經濟上說是不生產的的機能，是爲其他主張勞動券的空想家所沒有忽略的。但是，在這一點，他們遵照習慣的民主的方法，讓工人自己爲這個目的而自動，當時羅得伯爾妥斯關於一八四二年的社會改革案，是按照當時普魯士國的模型而繕造的，他舉一切以待官僚的判斷，即由最上的權力來決定工人對他自身勞動的生產品之股份，而以這股份無報酬地讓給他。

次之，地貸與利潤應當繼續存在着。其實，地主與工業資本家完成種種機能，而這機能在社會上是有用的，而且必要的，雖然在經濟上說是不生產的，并且他們在交換中得到一種供給，即地貸與利潤——在一八四二年，這决不是一種新的概念。老實說：他們現在爲所做的些微的而且做得不好的事，而收入太多；但是，羅得伯爾妥斯以爲至少今後五百年有一個特權階級之必然性，而爲正確的說明起見，剩餘價值率依然存在，但是不可以增加的。羅得伯爾妥斯承認百分之二〇爲現存的剩餘價值率，即是說：對十二小時的一勞動日，工人不會得到十二時小時的登記，而僅是四小時，并

昂　格　斯　序

且在剩餘的八小時中所生產的價值，應當由地主與資本家來分配的。那末，羅得伯爾妥斯的勞動券絕對是撒謊的，但是如以為有一個工人階級存在，他為得到一張四小時的勞動券而勞動十二小時，則必須有波美拉尼的封建地主。如果把資本主義的生產之騙詐譯為朴實的語調，這種騙詐就如一種明異的竊盜，則使這種騙詐為不可能了。所給與勞動者的每張券，乃是對於叛逆之直接的煽動，而犯了德意志帝國的刑法第一百一十條。為想可以供工人以同樣的無禮的言詞起見，除棒與鞭所支配的，村上一切美麗的少女都屬於其慇懃的領主之閨房的時代，波美拉尼之封建財產的無產階級，卽日傭的無產階級，事實上差不多就是奴隸之無產階級以外，絕沒有看見其他的無產級。但是，我們的保守主義者乃是我們最大的革命者。

但是，如果工人充分的溫厚，讓人家這樣說，他們做了十二小時苦工，實際只勞動四小時而已；而他方面，人們將給他們保證說，他們對於本身勞動的生產品所應得的部份，永遠不會低落到三分之一以下。其實，這是藉小孩的喇叭來鼓吹將來社會的高調。這樣，無須乎為這問題多說的。因此，羅得伯爾妥斯在勞動券的空想中從新提出來的一切是兒戲的，幷且比在他前後的多數競爭者之工作還劣的。

當羅得伯爾妥斯的 Zur Erkenntniss 等出現的時期，這是一部的確重要的書。在這個方向中追究李嘉圖的學說，乃是所希望的開始。在他與德國看來，如果這是一種新的事物，總之他的勞動達到與他的英國的先驅者之最好的勞動相同的程度。但是，這不過是一個開始，卽理論只由最後的，根本的，批評的一種研究才能希望一個眞實的結果之開始。然而這種發展本身卽止於此，因爲最初以來，人們引導李嘉圖的發展到別的方向，卽空想的方向。自此以後，這是失掉一切批評的條件——獨立。那末，羅得伯爾妥斯以一個預想的目標來研究，他變成一個傾向的經濟學家。一旦爲空想所捉住，他自己禁止科學的進步之可能性。從一八四二年一直到他的死，他迴旋在同一的圈套中，再現在他以前的著作中，已經說明或指示了的同一的思想，自己感覺被人誤解，剽竊，縱令沒有甚麼東西剽竊，最後，故意否認這種明顯的事實——實在他只發現很久以前卽已存在的東西而已。

⋯⋯⋯⋯⋯⋯⋯⋯⋯⋯⋯⋯⋯⋯⋯⋯

特要使人注意：在這部著作中，術語常與資本論的術語不一致的。本書內還說勞動如同商品，不說勞動力，而說勞

22　　　昂　格　斯　序

動的買賣。

在這版加了下面幾點,當作補足:(一)馬克思著作(一八五九年柏林出版之經濟學批評)關於約翰葛雷的勞動劵之最初的空想之一節(二)一八四七年馬克思在布魯塞以法文所發表的及屬於著者與"哲學之貧困"同一發展期關於自由貿易之演說。

傅里德里希・昂格斯(Friedrich Engels)
一八八四年十月二十五日於倫敦。

德譯第二版序

　　爲發行德譯第二版，我簡單地附加幾句話：霍布金士(Hopkins)的名字(六四頁)應該代以霍集士金(Hodgskin)的名字，又維廉·多普遜(William Thompson)的著作的年代(同頁)爲一八二四年，幷非一八二七年。安東曼舍(Anton Menger)敎授先生之文獻的知識，如此將得到一切的滿足。

　　　　　　　　　　　傅里德里希·昂格斯(F.E.)
　　　　　　一八九二年三月二十九日於敦倫。

原　　序

　　蒲魯東先生（M. Proudhon）不幸在歐洲異常爲人所蔑視的。在法國看來，他正是壞的經濟學家，因爲他以爲是好的德國的哲學家。在德國看來，他正是壞的哲學家，因爲他以爲是最有力的法國的經濟學家。我們，以德國人同時以經濟學家的資格，願意反對這兩重的錯誤。

　　讀者將會知道在這種無益的工作中，我們必須常放棄對於蒲魯東先生的批評，而從事於德國的哲學之批評，同時對經濟學加以評論。

　　　　　　　　　　加爾·馬克思（Karl Marx）
　　一八四七年六月十五日布魯塞（Bruxelles）

蒲魯東先生的著作，簡直不是一部經濟學專書，一部平常的書，乃是一部聖經(Une Bible)："神祕"(Mystères)在神中所得到的"秘密"(Secrets)，"啓示"(Révélations)，其中甚麼都有的。但是，現在，當預言家比世俗的著作者更誠實地討論的時候，讀者爲將來與蒲魯東先生進到超社會主義之豐富的宇宙中起見，必須刻苦耐勞，與我們經過"創世紀"(LaGenèse)之乾枯而且晦澀的博聞強記呢。(參照蒲魯東著貧困之哲學第三頁二十中行。)

哲學之貧困 (Misère de la Philosophie) 一書，是馬克思為回答蒲魯東的貧困之哲學 (Philosophie de la Misère) 而作的；其中多係闡發經濟學與唯物辯證法兩方面的根本理論，是為馬克思的名著之一，馬克思的原本用法文寫的；我是根據 (Marcel Giard) 刊行的法文本來翻譯的。因為本書內容不易了解，加以譯筆不甚高明，不免稍有晦澀之處，尚希

讀者加以指正，是有深幸。

一九二九年六月十五日

譯者附言

哲學之貧困

第 一 章
科學上的一種發現

第 一 節

使用價值與交換價值之對立

"無論自然生產品或工業生產品,凡屬一切生產品所供給人類生存之能力,特稱之為使用價值;而這些生產品所有互相交換之能力,則稱之為交換價值……使用價值怎樣會變成交換價值呢?經濟學家不曾充分注意解釋價值(交換)觀念之發生:這一點是值得我們討論的。那末,因為我所需要的物品中,大部分在自然界中只有很少數的,或者簡直沒有,所以我不得不努力生產我所缺乏的東西,並且因為我不能製造許多的東西,所以我要向別的人——各種職能中的協作者——提議:教他們讓出一部分生產品給我,與我的生

4　使用價值與交換價值之對立

產品交換"。(蒲魯東原著第一卷第二章)

蒲魯東先生本想首先給我們說明價值的二重性,"價值中的差別",由使用價值變成交換價值之變動。我們要與蒲魯東先生討論這種變質的動作,這是很重要的。照我們著者的意見,完成這種變質的動作即是如此。

大部分生存品不存在於自然中,而是工業生產的結果。假定需要超過自然之自發的生產,則人類不得不依賴工業的生產。在蒲魯東先生的假定中,這種工業是怎麼樣呢?這種工業的起源是如何呢?一個單獨的人雖然感覺有一批物品的需要,却"不能製造許許多多的東西呢",要滿足如許的需要,則須生產如許的物品——沒有生產,便沒有生產品;要生產如許的物品,已經再不是一個人的手所能生產這些東西的。然則,既經假定不是一個人的手所能生產,則已假定有建立在分工之上的整個的生產存在了。那末如蒲魯東先生所設想的,需要本身就是以分工爲前提。既有分工,即有交換,因之即有交換價值。提起某種物品值多少,即是說到了交換價值。

但是,蒲魯東先生最愛走迂迴的道路。如要囘到他的出發點,我們應當循着他的迂迴的道路去追求他。

哲學之貧困　　5

為脫離個人單獨生產的狀態,而達到交換起見,蒲魯東先生說:"我與從事各種職務的協作者發生關係。"因此,照蒲魯東的假定,我,我有些協作者,我與他們都無須脫離魯濱孫(Robinson)式的孤獨而非社會的生活狀態,就能夠從事各種不同的職能。協作者與各種職務,分工,以及分工所指示的交換都早已存在了。

總而言之:欲望是建立在分工與交換之上的。既經假定有這種欲望的存在,蒲魯東先生覺得即假定有交換與交換價值,而他正想比其他經濟學家更細心地"解釋這交換與交換價值之發生"。

蒲魯東先生可以完全顛倒事實的順序,而仍舊堅持他的結論的正確。要說明交換價值,必須有交換。要說明交換,必須有分工。要說明分工,則必須有分工所必要的欲望。要說明這些欲望,必須"假定"有欲望存在;即不否認欲望的存在,這是反對蒲魯東先生的序言之第一個定理:"假定有神,即是否認神"。(序言第一頁)

蒲魯東先生既經假定分工是已知的事,那末他怎樣說明他所常認為未知的交換價值呢?

"一個個人""向別的人——各種職能中的協作者——

6　　　使用價值與交換價值之對立

提議"建立交換，幷給使用價值與交換價值以區別。因為協作者承認已提出的區別，所以他們不教蒲魯東先生有其他的"掛慮"，而只是注意事實，在其經濟學專書中指出幷解釋價值觀念的發生"。但是我們應當常說的這種提議之"發生"，要之，應當說明：怎樣這個單獨的人——這位魯濱孫——忽然"向他的協作者"有這明確提議的觀念，怎樣這些協作者沒有任何的抗議就承認了他。

蒲魯東先生於此幷沒有系統的詳細說明。他對於交換的事實，只指出一種歷史上的特徵，而表示第三者為建立交換起見，而提出一種提議的形式。

那就是蒲魯東先生之歷史的敍述的方法之模範，他對於亞丹斯密（Adam Smith）與李加圖（Ricardo）之歷史的敍述的方法，表示一種非常的輕視。

交換自有他本身的歷史。他經過各種不同的階段。

有一個時期，如中古時代，人們只是按照消費以交換生產的剩餘。

另一個時期，不僅是剩餘物品，而且一切生產品，一切產業的存在都在於商業中，整個的生產都依賴交換的。怎樣說明交換之第二個階段——他們第二能力之販賣價值呢？

蒲魯東先生於此有以下的囘答：有一個人向其他的人——即各種職務中的協作者——提議，提高他的第二能力之販賣價值。

最後有一個時期，所有人類視爲不可讓與的東西都爲交易之目的物，而可以相讓的。以前可以傳受而不可交換，可以贈與而不可以出賣，可以取得而不可以購買的各種物品，——德行，愛情，意見，科學，意識……等等——到這個時候，終歸一切都變成貿易的目的物了。這樣全般腐化，普遍貽買的時期，或用經濟學的名詞來說，這個時期的一切東西，精神的或物質的，都成爲販賣的價值，於是都可以按照他的準確的價值估計，拿到市場上去了。

又怎樣說明這種新的，最後的交換階段——第三能力之販賣價值呢？

蒲魯東先生有一種預定的囘答：有一個人"向其他的人——各種職務中協作者——提議"：將德行，愛情等等都作爲一種價值，幷提高他的第三的與最後的交換價值。

由此觀之，蒲魯東先生之"歷史的，敍述的方法"全部都是好的，他的方法囘答一切，說明一切。他特爲從歷史上來說明"經濟觀念的發生"，他假定有一個人向其他的人一

| 8 | 使用價值與交換價值之對立 |

一各種職能中的協作者——提議完成這種發生,而且一切都解決了。

自是以後,我們承認交換價值之"發生"是一種早已完成的事實;現在只要說明交換價值與使用價值的關係。請聽蒲魯東先生的議論罷。

"經濟學家已經很好地表明價值之二重性;但是他們對於價值之矛盾的性質還沒有得到同樣的明瞭;我們即在這點開始批評……經濟學家很少指出使用價值與交換價值中之非常的反對,只是很簡單地指出一點,其餘甚麼也沒看見:那末必須指出所謂簡單中隱藏着一種很深的神祕,我們的責任,就是要發見這種神祕……在術語上說,使用價值與交換價值,彼此恰成為相反的關係"。

如果我們了解蒲魯東先生的思想,他所欲證明的,就是這四點:

1. 使用價值與交換價值構成"一種異常的反對",互相對立;
2. 使用價值與交換價值彼此恰成反比例,互相矛盾;
3. 經濟學家旣沒有見到,也沒有認識這種對立的矛盾;

哲　學　之　貧　困　　　　　　9

4. 蒲魯東先生的批評是顚倒來說的。

我們也可以顚倒來批評，幷爲替蒲魯東先生所非難的經濟學家辯護起見，我們就引用這兩個頗關重要的經濟學家的話：

西斯門狄（Sismondi）說："商業使一切事物歸結到使用價値與交換價値之對立"。(布魯塞 Bruxelles 出版之硏究第二卷第一六二頁)

勞德達爾（Lauderdale）說："就一般而論,國民財富（使用價値）減少,是與個人財產因販賣價値增加而增加成比例的；國民財富一般地增加,是與個人財產因販賣價値的減少而減少成比例的"。（公共財富的性質與起源之硏究，一八〇八年巴黎出版，Largentil de Lavaise 譯。)

西斯門狄以他所謂收入減少與生產增加成比例之重要學說建立在使用價値與交換價値的對立之上。

勞德達爾以他的學說建立在兩種價値的反比例之上，而他的學說是爲李嘉圖時代所認爲通俗的，李嘉圖談到他的學說，卽把他視爲一般人所知道的。"這是把販賣價値與財產（使用價値）觀念相混合,以爲減少生活所必要的,有用的或便宜的物品之分量,卽可以增加財富"。(李嘉圖：經濟

| 10 | 使用價值與交換價值之對立 |

學原理,第二卷價值與財富;襲斯丹西著(Constancio)譯,塞伊(Y. B. Say)註,一八三五年巴黎出版。)

　　蒲魯東先生以前的經濟學家,已經"指出"那種對立與矛盾之很深的神祕,我們剛才已經說明了。現在試看在這些經濟學家以後,蒲魯東先生怎樣說明這種神祕罷。

　　祇要供給增加,需要如故,則生產品的交換價值就要低落;換句話說:生產品比需要愈加豐富,則他的交換價值或價格愈加低落。

　　倒轉來看;供給比需要愈加減少,則生產品的交換價值或價格愈加增高;換句話說:所供給的生產品比需要愈加稀少,則他的價值或價格愈加昂貴。生產品的交換價值,由生產品的豐富或缺少而決定,但是常常與需要成比例。假定有一種稀少又稀少的生產品,而為我們所需要的:如果沒有人需要,那卽是多餘的了。反之,假定有一種成千成萬而堆積的生產品,如果不滿足需要,卽需要太多,則常常是稀少的。

　　這卽是事實,可以說,差不多是衆人皆知的,然而為使明白蒲魯東先生的神祕起見,在此必須引證出來。

　　"如此追求原理之究極的結果,我們可以得到一個最合於邏輯的結論——凡屬日用必需而分量無窮的物品，應當是一文不值，毫無效用而極端稀少的物品，則是無價之寶。最困難的，就在人決不允許有這種極端：一方面，任何人類的生產品，絕不會達到無窮的增加；另一方面，最稀少的物品，無論到如何的程度，也必要有效用的，不如此，則一切生產品不會有任何的價值。那末，使用價值與交換價值必是互相關聯的，雖然其性質常常互相排斥"。（蒲魯東原書第一卷三九頁）

為甚麼會使蒲魯東先生這樣困難呢？就是因為他簡直忘記了需要，并因為物品只要有需要才會感覺到缺少與豐富的。如果除需要以外，則稀少的交換價值與豐富的使用價值相消了。其實，他以為全無效用而極端稀少的物品是極貴的，所以他簡單地說：交換價值只是稀少而已。"極端稀少而全無效用，即是純粹的稀少。"極貴的價格"，即是交換價值的最高限度，即是純粹的交換價值。他把這爲話列成等式。然則，交換價值與稀少成為對等的名詞。蒲魯東先生，因為達到所謂極端的結果，事實上也覺得不是把事物追求到極端，而是把所表現的事物之詞句追求到了極端，因此表示他對於修辭學比論理學更好了。當他相信發現新的結果的時

12　使用價值與交換價值之對立

候,他在赤裸裸的假定中再發現最初的假定。因為同樣的方法,結果把使用價值與豐富看作一樣的東西了。

蒲魯東先生把交換價值與稀少,使用價值與豐富列成等式以後,既不能從稀少與交換價值中看出使用價值,又不能從豐富與使用價值中看出交換價值;并且知道事實上決不允許有這種極端,沒有別的辦法,只信以為神祕而已。他以為有無上的價格存在,因為沒有買主,并且則只要把需要抽象化,永遠找不着買主。

從另一方面看,蒲魯東先生所謂豐富,似乎是些自然發生的東西。他完全忘記還有生產這豐富的人,并忘記為這些人的利益計,他們決不會不顧及需要的。不然,蒲魯東先生怎樣可以說,很有效用的物品應當是很低的價格,或者一文不值呢?反之,必然使他得出這樣的結論;必須限制很有效用的物品之生產,如想提高他的價格乃至交換價值。

法國從前的種葡萄者,曾經要求禁止培植新葡萄園的法律,荷蘭人曾經焚燬亞細亞的香料并剷除莫流格島(Molugues)的丁香樹,而很簡單地縮減豐富的財產,以提高交換價值。中古時代以法律限制一個主人所能占領的職工人數以及所能使用的工具數目。即是遵照同樣的原則。(安德

遜 Anderson：商業史）

把豐富視爲使用價值，稀少視爲交換價值以後——指出豐富與稀少爲反比例，再沒有比這更容易的了——蒲魯東先生把供給使用價值以及需要與交換價值，合而爲一了。爲使這種對立更加明顯起見，他便掉換詞句，卽以意見價值（La valeur d'opinion）代替交換價值。

因此，爭論的範圍變更了。一方面是效用（使用價值，供給，）另一方面是意見（交換價值，需要。）

這兩種互相對立的能力，誰可使之調和呢？又怎樣使之調和呢？兩者之間還可以建立比較之點嗎？

蒲魯東先生自己說；"誠然，是有比較之點的，卽是"自由意志"（l'arbitraire）。供給與需要之間，效用與意見之間的鬥爭所發生的價格，不會是永遠的正義之表示"。

蒲魯東先生更闡明這種對立，說：

"我是自由的購買者，我便是我的欲望之裁判者，目的物合宜與否之裁判者，卽我所欲給的價格之裁判者。另一方面，如果你是自由的生產者，你是生產機關的主人，因之你有節省你的費用之能力"。（蒲魯東原書第一一卷四二頁）

並且，因爲需要或交換價值與意見合而爲一，於是蒲魯

14　使用價值與交換價值之對立

東先生說：

> 使使用價值與交換價值之間發生對立者，卽是人類的自由意志，這是很明顯的。祇要自由意志存在，怎樣能解決這種對立呢？而且，如非犧牲人類，又怎樣能犧牲自由意志呢"？（第一卷五一頁）

如此，則沒有可能的結果。在兩種可以從毫無共同性的能力之間，卽效用與意見之間，自由購買者與自由生產者之間，有一種鬥爭。

我們試更進一步來看。

供給不專是代表效用，需要不專是代表意見。需要者幷沒有供給任何生產品或一切生產品的代表物——貨幣，而且照蒲魯東先生的意見，供給者所供給的幷沒有表現效用或使用價值嗎？

另一方面，供給者不也需要任何生產品或一切生產品的代表物嗎？而他不會變成意見，意見價值或交換價值的代表嗎？

需要，同時卽是一種供給。供給，同時又是一種需要。所以，蒲魯東先生的矛盾論，卽簡單地把供給與效用，需要與意見，各視爲一體，這只是立足在一種無意義的抽象化之上而已。

　　蒲魯東先生所稱爲使用價值的，別的經濟學家以同樣的理由，即稱之爲意見價值。我們只引用斯托爾治(Stortch)的話，即可以明白。（一八二三年巴黎出版之經濟學講義第八八至八九頁）

　　照他的意見，我們所感覺必要的東西，稱爲欲望；我們所給以價值的東西，稱爲價值。大抵，一切物件都有價值，因爲他可以滿足由意見所發生的欲望。對於我們的欲望之意見，是可以變化的，所以只是說明這些物件與我們的欲望有關係的東西，也可以變化的。自然的欲望，本來是常常變化的。其實，在供給各種人民的主要食品中是何等複雜呵！

　　效用與意見之間不會引起鬥爭的：鬥爭是發生於供給者所需要的販賣價值以及需要者所供給的販賣價值之間。生產品的交換價值，都是這種矛盾的評價之結果。

　　照以上的分析，供給與需要，生產與消費，二者是相對而立的，但是所謂生產與消費，是建立在個人交換之上的。

　　人們所供給的生產品，在他本身，并不是有效用的東西。證明那種東西有效用的，就是消費者。并且人們承認生

16　使用價值與交換價值之對立

產品有效用的特性時,他不專是有效用。在生產過程中,他是由一切生產費,如原料,工資,以及一切有販賣價值的東西,交換而來的。所以在生產者看來,生產品是代表販賣價值之總和。即他所供給的東西不過是一種有效用的物品,而且特別是一種販賣價值。

至於需要,只是在具有自由支配之交換手段的條件下才會實現的。而交換手段本身就是生產品,販賣價值。

那末,供給與需要中,一方面現出有販賣價值的生產品與出賣的要求;另一方面現出有販賣價值的手段與購買的要求。

蒲魯東先生把自由購買者與自由生產者相對立,而給他們以純粹形而上學的特質。所以他說:"已經證明使用價值與交換價值之間發生對立者,即是人類的自由意志"。

生產者既經根據分工與交換的社會中從事生產——這就是蒲魯東先生的假定——便不得不出賣。蒲魯東先生把生產者作為生產手段的主人,但是他與我們都承認:左右他的生產手段者不是自由意志。更有進者,其實這些生產手段,大部分都是從外部而歸於他的手之生產品,而在近代生產中,并不是自由生產他所要求的分量。生產力現在發展的程度，使他不得不按照一定的比例去生產。

消費者不見得比生產者更自由些。他的意見是根據他的財富與慾望的。財富與慾望，二者都由他的社會地位來決定的，而社會地位本身，是由整個的社會組織而決定的。是的，買馬鈴薯的工人與買花邊的婦人，都是依照他們各自的意見的。但是他們的意見之差別，卽表明他們在社會所占的地位之不同，而社會地位的差別，卽是社會組織的產物。

整個的慾望的系統是建立在意見或一切生產組織之上的嗎？慾望常是直接由生產，或根據生產的實際狀況而發生的。世界的交易幾乎完全按照生產的需要而進行，並非按照個人消費的慾望而進行的。那末，再舉出一個例來，若世人需要一種公證人（Notaire）這豈不是因為預先就有一種民法存在，而民法又只是私有財產卽生產之某種發展的一種反映嗎？

蒲魯東先生供給與需要的關係中除去我們剛才所說的要素之後，他還不滿意。他把抽象化的程度擴張到極點，把一切生產者化為一個單獨的生產者，把一切消費者化為一個單獨的消費者，而建立起這兩種虛構的人物間的鬥爭。但

| 18 | 使用價值與交換價值之對立 |

是在實現的世界中,事實另是一種樣子。供給者之間的競爭與需要者之間的競爭,形成買者與賣者間的鬥爭之必要的原素,而由這鬥爭中產生販賣價值。

除去生產費與競爭之後,則蒲魯東先生很容易把供給的需要的公式變成妄語。

他說:"供給與需要并不是別的東西,只是兩種儀式,用以表現使用價值與交換價值,并促進兩者的調和。恰如電氣的兩極一樣,電極接觸,則產生所謂交換之親和現象"。(第一卷四九至五〇頁)

同樣可以說,交換只是用以表現消費者使消費物之一種儀式而已。同樣也可以說,一切經濟的關係都是用以做媒介之儀式。供給與需要,乃是與某種生產的關係,恰如個人間的交換一樣。

如此,蒲魯東先生的辯證法是如何呢?即是以抽象的與矛盾的概念,如稀少與豐富,效用與意見,一個生產者與一個消費者——兩個自由意志的騎士——去代替使用價值與交換價值,供給與需要。

那末,他到底為甚麼要這樣做呢?

準備輸入他所排斥的要素之一——即生產費——以為

使用價值與交換價值的綜合。因此在他的眼目中,生產費卽構成綜合價值或構成價值。

第 二 節

構成價值或綜合價值

"價值（販賣的）乃是經濟構造的基礎。""構成"價值乃是經濟矛盾的體系之基礎。

那末，構成蒲魯東先生在經濟學上的全部發現之"構成價值"是怎樣呢？

既經承認了效用，則勞動即是價值的源泉。勞動的尺度即是時間。生產品的相對價值，是由生產所必須使用的勞動時間來決定的。價格乃是生產品的相對價值之貨幣的表現。綜之，生產品的構成價值，簡直就是由生產品中所包含的勞動時間所構成的價值。

哲　學　之　貧　困　　　　　21

　　與亞丹斯密斯發現了分工一樣，蒲魯東先生自以為發現了"構成價值"。的確這不是甚麼"聞所未聞的事情"，但是也應當承認，在經濟學上之任何發現中，并沒有一點"聞所未聞的事情"。蒲魯東先生雖然感覺他的發現之重要，然而想減低他的發明之功績，以使讀者相信他的誇大的創造力，并和緩讀者不容易接受新思想之精神"。但是，如果他參加每個前輩在估量價值上所做的事業，他卽用力地大聲宣布：大部分，最大部分是由他才成就的。

　　亞丹斯密曾經糢糊地認識價值之綜合的觀念………但是，他對這種價值觀念都是直覺的；然而，社會不會拿直覺的信仰以改變他的習慣；社會只是根據事實的威權。必須以更顯著，更明白的方式指出矛盾律(l'antinomie)：塞伊乃是他的主要的解釋者"。

　　這卽是綜合價值的發現史：亞丹斯密發現糢糊的直覺，塞伊發現矛盾律，蒲魯東先生則發現成立的，"構成的"眞理。幷且我們不要誤解：所有其他的經濟學家，從塞伊以至蒲魯東先生，都只是遵循矛盾律的故轍而已。"四十年以來，許多有思想的人都為一個如此簡單的觀念所苦惱，到底是不能相信的。但是不能，價值之間用不着任何的比較點，

| 22 | 構成價值或綜合價值 |

用不着任何尺度的單位，價值的比較也就可以形成，——以上就是十九世紀的經濟學家決定來抵制并反抗一切的主張，不仍是包含革命的平等論而已。後世的人對此又將怎樣說呢？(第一卷六八頁)

後世的人，突然這樣的被責問，將對於年代上發生模糊的觀念。他們必然要問：那末，李嘉圖及其學派是不是十九世紀的經濟學家呢？建立在"商品的相對價值由商品生產所必要的勞動量而決定"的原則之上的李嘉圖學說的體系成立於一八一七年。李嘉圖是王政復興以來支配英國的一大學派之首領。李嘉圖的價格學說是，固結地集近代資產階級之大成的。"後世的人對此又將怎樣說呢"？後世的人不至於說：蒲魯東先生決不認識李嘉圖，因為他曾經說到李嘉圖，他曾時常提起李嘉圖，并說李嘉圖是一個垃圾堆"。如果後世的人起來說話，他們或者說，蒲魯東先生因怕觸犯讀者的仇英感情，寧願自己替李嘉圖的思想負責。雖然如此，後世的人仍舊覺得：蒲魯東先生把李嘉圖從科學上發揮出來成為現社會即資產階級社會之理論的東西視為將來之革命的理論"，而且將李嘉圖及其學派很久以前所提出矛盾律之一方面，即交換價值之科學公式，拿來解決效用與交換

哲學之貧困

價值間的矛盾律——是頗為奇怪的。但是我們試把後世的人撇開一邊，而把蒲魯東先生與他的前輩李嘉圖來比較看看。試看李嘉圖學說中關於價值論的幾段精彩文字：

"交換價值的尺度不是效用，雖然效用是為交換價值絕對必要的條件"。（經濟學原理第一卷三頁，襲斯丹西若英譯本，一八三五年巴黎）

"如果某種本身被視為有效用的物品，由下面兩種源泉獲得他的交換價值：即由於稀少性與獲得物品之必要的勞動量。有些物品，其價值不是由於稀少性決定的。任何勞動都不能增加其分量的物品，則其價值絕不能因其豐富而降低。如同貴重的雕像或圖畫等，即是如此。這種價值是由所欲占有某種物品的人之性質，嗜好與貪慾而決定的"。（前書第一卷四至五頁）然而，這些物品只能占日用交換的商品之極小部分。因為我們所欲占有的物之大部分是工業生產品，所以常常想使用必要的工業以製造物品，不仅在一國，而且在許多國，可以使這種物品增加到幾乎不能限量的程度"。（前書第一卷第五頁）那末，當我談到商品，商品的交換價值以及規定其相對價值的原則的時候，我們只能把這些商品的原則來看就可以的，而且這些商品分量可以由人類的

24　　構成價値或綜合價値

工業而增加，商品生產爲競爭所促進，并不爲任何障礙所妨害的"。

李嘉圖引證亞丹斯密的話，他以爲亞丹斯密是"替交換價值的最初來源下了頗正確的定義的人（斯密原書第一卷第五章），并且說：

"實在除開人類工業所不能隨意增加的物品以外，這（勞動時間）就是一切物品的交換價值之基礎；這就是經濟學上最重要的學說之一點：因爲在這種科學中，除了價值問題之外，再沒有別的問題能夠引起那麼多的不同意見以及糢糊而不正確的意義"。（第一卷第八頁）假設交換價值是由物品中所包含的勞動量來決定，則勞動量的增加必然要增加勞動所加於某種對象的價值，同樣，勞動的減少，必然要減少物品的價格"。（第一卷第九頁）

其次，李嘉圖非難亞丹斯密說：

1　他給價値以一種勞動以外的尺度，或用麥子的價值，或用物品所能購買的勞動量等等。"（第一卷九至十頁）

2　無條件地承認了原則，而限制這原則之適用於資本積累與土地所有權發生以前的社會之原始的，野蠻的狀態。"（第一卷二一頁）

哲學之貧困

李嘉圖極力證明：土地所有權——地貨——不會改變農產品的相對價值，而資本積累只是對於為生產使用的勞動之比較量所決定的相對價值之暫時的不定的影響。他根據這種議論，即發生他的有名的地貨論，並分拆資本，到最後的結果，又承認資本只是積累起來的勞動。嗣後他即發揮工資與利潤的學說，並指出工資與利潤都有增加與減少的變動，而這種變動是按照相互的反比例而不影響於生產品之相對價值的。他沒有將資本積累與資本性質上的差別（固定資本與流動資本）對於生產品的相對價值所能發生之影響忽略看過，對於工資率亦復如此。這也是使李嘉圖所注意研究的主要問題。

他說："所有勞動中的節省常常使商品的相對價值減少，或者節省為製造物品本身之必要的勞動，或者節省為形成這生產中所使用的資本之必要的勞動。"（第一卷四八頁）"因此，祇須一勞動日繼續使甲生產同量的魚，使乙生產同量的野獸，則各自的交格換價之自然率永是一樣的，無論工資與利潤中的變動如何，以及資本積累之一切作用如何。'（第一卷三二頁）"我們將勞動視為物品的價值之基礎，並將生產物品之必要的勞動量視為決定商品互相交換的規律：

| 26 | 構成價值或綜合價值 |

但是我們不要否認：商品流動價格中，這種原始的，自然的價格不會有偶然的，一時的偏差"。（第一卷一〇五頁）照最後的分析。規定物品的價格的即是生產費，並非平常所謂供給需要間之比例。"（第二卷二五三頁）

勞德達爾曾雖說明：交換價格的變動，是按供給與需要的法則以及關係需要之稀少與豐富的法則而變化的。據他的意見，物品的分量減少或物品的需要增加時，則他的價值可以增加；因為物品的分量增加，或需要減少，則他的價格可以減少。因此，物品的價值可以由八種不同的原因的作用，即適用於這種物品本身的四種原因，以及適用於貨幣或其他用作價值尺度的商品之四種原因。李嘉圖的辯駁如次：

"屬於個人或公司的壟斷之生產品，按照勞德達爾所定的法則而變換價值的：生產品的價值，按照供給的分量之增加而減少，并按照取得生產品的購買者之願望而增加；生產品的價格與其自然的價值沒有甚麼必然的關係。但是論到在購買者中易于競爭，而其分量照普通的限度而增加的物品，他的價格一定不由需要與供給狀況來決定，而由生產費的增加來決定。（第二卷一五九頁）

哲學之貧困

爲達到由勞動時間決定相對價值起見，我們將要讀者注意把李嘉圖如此簡單明瞭而且正確的言詞，與蒲魯東先生對於修辭學的努力加以比較。

李嘉圖給我們指出構成價值之資產階級的生產之現實的變動。蒲魯東先生把這種現實的變動變成抽象，而急於發明新的方法，以便依從所謂新的公式——不過是李嘉圖所已充分說明而現存真實的變動之理論的表現——以支配一切。

李嘉圖從現社會中找着他的出發點，給我們指出現社會怎樣構成價值；蒲魯東先生拿構成價值做出發點，而用這個價值構成一個新社會。在蒲魯東先生的意思，構成價值當循環周轉，而再成爲照這種估價方法所已構成的社會。在李嘉圖的意思，用勞動時間決定價值，乃是交換價值的法則；在蒲魯東先生則以爲這是使用價值與交換價值之綜合。李嘉圖的價值論乃是現在經濟生活之科學的解釋；蒲魯東先生的價值論乃是李嘉圖學說之空想的解釋。李嘉圖從一切經濟關係中抽出他的公式，而以這種方法解釋一切的現象以及最初似乎與之相反之現象，譬如地貸，資本的積累以及工資與利潤的關係，同時證明他的公式之真確性；這正所

28 構成價值或綜合價值

以使他的學說成為科學的體系：蒲魯東先生由完全抽象的假設再發現李嘉圖的公式，卽不得不搜求他所改竄并偽造之孤立的經濟事實，以便把這些事實作為實例，作為已存在的應用，作為實現他的再生的思想之開始。（參照第三節構成價值之應用）

現在試看蒲魯東先生由構成價值（由勞動時間）得出的結論。

——一定的勞動量卽相當于由同一勞動量所構成的生產品

——這一勞動日相當於別一勞動日；卽，就相等的分量說，這一個人的勞動卽相當於那一個人的勞動：其中決沒有甚麼質的差別。就相等的勞動量說，這一個人的生產品卽與那一個人的生產品交換。一切的人都是僱傭勞動者，并是以同等的勞動時間得同等的報酬之僱傭者。完全平等乃交換之條件。

這些結論，是用勞動時間所構成或決定的價值之自然的，必然的結果嗎？

假使商品的相對價值是由他生產所必要的勞動量而決定的，結果，自然是勞動的相對價值或工資來決定的，同樣也是由生產工資所必要的勞動量來決定的。所以，工資，即勞動的相對價值或價格，即是由生產工人生活所必需的東西之勞動時間來決定的。"如果減少帽子的生產費，結果，他的價格照他的新的自然價格而低落，縱令需要可以加至兩倍，三倍或四倍。如果減少人類的生活費，同時減少生活必要的衣食之自然價格，結果，工資隨而低落，縱令勞動的需要非常增加"。（李嘉圖第二卷二五三頁）

確實，李嘉圖的語調是再玩世沒有了。把帽子的製造費與人的生活費放在同等的地位，這就是把人變成帽子。所謂玩世論說，是表現在事物中，而不是表現在說明事物的字句中。法蘭西的著作家，如德羅子（Droz），布蘭吉（Blangui），羅西（Bossi）及其他諸人，都表示相當的滿足，證明他們是超出英國的經濟學家之上的，而想使用"人道的"語言之描寫；假若非難李嘉圖及其學派之玩世的論調，這是因為他們很難赤裸裸地暴露種種的經濟關係，洩漏資產階級的神秘的。

總而言之：勞動本身即是商品，也是由生產勞動商品所必要的勞動時間來估計的。必須要甚麼東西來生產勞動商品呢？恰好是為維持不斷的勞動，即使勞動者得以生活并能夠繁殖他的種族，而生產必不可免的物品所必要的勞動時間。勞動的自然價格不是別的東西，即是最低限度的工資。假若工資的**流動價格**提高到自然價格以上正是因為蒲魯東先生所定為原則之價值的法則，因供給需要的關係變動的結果而相抵了。但是工資的最低限度仍然保存工資的流動價格之重心。

所以，用勞動時間所估計的相對價值必是近代雇用奴隸制的公式，用以代替了解放無產階級之"革命的理論"，有如蒲魯東所主張的。

現在我們試看，在某幾種情形之下，應用勞動時間做價值的尺度，是與現在的階級對抗以及直接勞動者與蓄積勞動的占有者之間之生產品的不平的分配決不相容的。

假定有某種生產品，例如麻布。這樣的生產品包含一定的**勞動量**。這種勞動量常常是同一的。無論協同製造這種生產品的人之相互的地位如何。

拿另一種生產品說；譬如羅紗，他是必要與麻布同一的**勞動量**。

假如拿這些生產品來交換，即是交換相等的勞動量。常交換這種相等勞動量的時候；并非變換生產者之相互的地位,即對于工人與製造者的地位毫無甚麼變換的。如果說,用時間所估計的生產品來交換,結果是一切生產者得到相等的報酬,這是假定以參加生產的平等早已代替了交換。如果羅紗與麻布的交換成功,則好像羅紗的生產者是以他們從前生產羅紗相等的比例參與麻布的生產一樣。

蒲魯東先生把一種無根據的推測當作結論,這是他的幻想所由來。

更進一步來說罷。

作爲價値的尺度之勞動時間,至少是以各勞動日有同等的價値,即這個人的勞動日與那個人的勞動日有同等的價値爲前提嗎?不是。

假說一個製造寶石的工人之一個勞動日相當於一個織工的三個勞動日,常常與織物比較的寶石價値之變動,不過是需要與供給的變過之偶然的結果,因爲兩方面爲生產所使用的勞動時間有減少或增加的緣故。

假使種類不同的勞動者之三種勞動日,爲一,二,三之比例,在他們生產品的相對價値之變動中,即是一,二,三的勞動日比例之變動。因此,我們可以用勞動時間估計價値,總然各種不同的勞動日之價値不等;但是爲應用同樣的尺

| 32 | 綜成價值或綜合價值 |

度起見，我們必須有一種不同的**勞動日之比較**的尺度：**競爭**卽是這種比較的尺度。

你的勞動時間相當於我的勞動時間嗎？這是一個由競爭來決定的問題。

據一個美國經濟學家的意見，一個複雜的勞動日包括若干簡單的勞動日，這是由競爭決定的。將複雜的**勞動日**化成簡單的勞動日，不就可以拿簡單勞動做價值的尺度嗎？不管質量如何而以唯一的勞動量做價值的尺度，卽以簡單勞動變成工業的樞紐做前提。勞動因人受機器的支配或極端的分工而平等化了；人類在勞動前面而磨滅了；掛鐘的擺變成了兩個工人相對的活動之正確的尺度，如同兩架機關車的速力一般。那末，不可以說，這個人的一點鐘等于別一個人的一點鐘，等可以說是這一點鐘的這個人等于別一點鐘的別人。時間是萬能的，人是再不值甚麼的；他簡直是時間的具象化（La carasse），那再沒有質量的問題了。惟一的量可以決定一切：一點鐘當一點鐘，一日當一日；但是勞動平等決不是蒲魯東先生之永遠的正義之成績；他完全是近代工業的事實。

在使用機械的工廠中，這個工人的勞動與別個工人的勞動，差不多沒有一點區別：工人之間，除開他們爲勞動所費之時間數量以外，再無從區別了。然而，在一定的鐘點之下，量的差別變成質的差別，因爲按照爲勞動所費的時間，一部分由于肉體的構成，年齡，性別之純粹物質的原因；而決定，一部分由於忍耐，鎮靜，勤勉之純然消極的精神的原因而決定。總之，如果工人勞動中有一種質的差別，至多就是最劣等的性質，决不是一種特殊的技能。照上面的分析，那就是在近代工業中之實際狀態。蒲魯東先生就是想在這已實現的機械勞動的平等之上，"將來的時代"可以普通地實現他所拿着平等化的鉋子。

　　蒲魯東先生由李嘉圖學說所抽出來的"平等主義"的結論，都立足在一種根本錯誤之上。就是他把用勞動量所估計的商品價值與用"勞動價值"所估計的商品價值相混了。假設把這兩種估計商品價值的方法混而爲一，則可以無差別地說：任何一種商品的相對價值是用商品中所包含的勞動量來估計的；或者；商品的相對價值，是用可以購買的商品之勞動量來估計的；或者；商品的相對價值是用可以得到商品之勞動量來估計的。但是事實如此。勞動價值更不能與其他一切商品的價值一樣，可以用作價值的尺度。有幾個

34　構成價値或綜合價値

例子更可以充分說明我們剛才所說的情形。

假設一斗麥子以前值一勞動日的,現在值得二勞動日,則他有原來的價值的兩倍;但是一斗麥子,沒有運用兩倍的勞動量,因為他並沒有包含比從前更多的滋養料。因此,用生產麥子所使用的勞動量來估計之麥子價值可以增加一倍;但是用他所能購買的勞動量,或用他所能出賣的勞動量來估計,他的價值決沒有兩倍。在另一方面說,假設同樣的勞動產生比從前加倍的衣服,則衣服的相對價值減少二分之一;然而這樣加倍分量的衣服,不能只需以前二分之一的勞動量,或者,同樣的勞動不能產生加倍分量的衣服;因為二分之一的衣服依然給工人與以前同樣的效用。

因此,用勞動價值來決定農產品的相對價值,是與經濟上的事實相反的。這是在一個循環圈內團轉,以一種相對價值來決定相對價值,而那種相對價值自己仍要受決定。

蒲魯東先生把兩個尺度,即一個用商品生產所必要的勞動時間的尺度與一個勞動價值的尺度相混了,這是無疑義的事實。他說,"整個人類的勞動可以購買勞動所包含的價值"。那末,據他的意見,生產品中所包含之一定的勞動量與勞動者的工資——勞動價值——相等。因為同一的理由,所以他把生產費與工資混合起來。

"工資是甚麼呢？就是麥子等等的原價 (le prix de revient) 就是一切物品之因素價格 (le prix intégrant)"。更進一步說："工資是構成財富的原素之比例"。到底工資是甚麼？即是勞動價值。

亞丹斯密有時拿生產商品必要的勞動時間做價值的尺度，有時拿勞動價值做尺度。李嘉圖揭破了這種錯誤，而使人顯然看出這兩種估計方法之差異。蒲魯東先生把這兩件並列的東西視為一體，而使亞丹斯密的錯誤更加擴大了。

蒲魯東先生搜求商品的相對價值之尺度，即是為找出工人分取生產品之正當的比例，換言之，即是為決定勞動的相對價值。為決定商品的相對價值之尺度起見，他以為最好不過的方法，即是把一定的勞動品所構成的生產品的總額作為一定的勞動量之等價物。因此使他仍假定："社會全體只由直接勞動者而成立，把他們自身的生產品當作工資。次之，他實在把各種勞動者的勞動日假定為等價。總而言之，他為找出工人之平等的報酬，而探求商品的相對價值之尺度，并且研求商品的相對價值起見，他把工資的平等當作已完全發現的事實。何等奇怪的辯證法呵！

36　　　　構成價值或綜合價值

"塞伊與追隨他的經濟學家，認為勞動本身，即可以作為價值決定，所以這一種商品與別一種商品一樣，有如循環論法，可以作為價值的原則與價值的成因。我可以說，即此表示一般經濟學家非常的不注意。勞動之所謂價值（valoir），不是按照商品的本身而言，而是就假定在商品中所包含的價值而言。勞動價值乃是一象徵的表現，即結果之原因的前提。這一種虛構與資本的生產力一樣。勞動生產，資本價值⋯⋯簡而言之，可以做勞動價值⋯⋯勞動與自由一樣⋯⋯是一種性質曖昧而不確定的東西，但在質量上是由他的對象而決定的，即勞動是由生產品而實現。

"但是，這樣的事有存在之必要嗎？自從經濟學家（蒲魯東先生的）改變事物的名稱（Vera rerumvocabula）以來，他即暗暗地表示他的無能力而自已降服了。"（蒲魯東第一卷一八八頁）

我們知道，蒲魯東先生把勞動價值作為生產品的價值之"成因"（la cause efficiente），以至於認為工資——"勞動價值"之正式的名稱——構成整個物品之因素價格。此所以塞伊的反駁使他惶恐不安呵！在成為一種恐怖的事實之勞動商品（le travaile-marchandise），只看見一種文法上的

哲學之貧困   37

省略。然則建立在勞動商品之上的整個的現社會，嗣後卽建立在一種詩的放縱，一種比喻的表現之上。好罷！社會想"排除使他發生困難之一切弊害"。他拋棄不好聽的名詞，改變語調，因此只是向學院要求新出版一部字典。照剛才所說的情形看，我們便容易知道，為甚麼蒲魯東先生在一部經濟學的著作中注意於語言學上及其他部分文法上之冗長的辯論呢。所以，他還要詳細討論 Servus a Servare 之陳腐的變化。這些語言學上的議論有一種深厚的意義，一種祕密的意義，卽構成蒲魯東先生的議論之主要部分。

勞動，勞動力，只有在買賣方面，卽成為一種商品，與其他的商品一樣，因此也有交換價值。但是勞動的價值，或限於商品方面的勞動，與麥子價值或限於商品方面的麥子供給營養一樣，可以生產一些東西。

勞動價值的多寡，按照生活資料的貴賤，勞動力的供給需要之大小程度……等等而定。

勞動決不是一件"漠然不定的東西"；所能買賣的東西常常是一種確定的勞動，決不是一般的勞動。不過勞動在質上是由對象來決定，而且對象是由勞動的特質來決定。

勞動，祇要可以買賣，他本身卽是商品。為甚麼人會購

38 構成價值或綜合價值

買勞動呢？因勞動中包含價值的原故。但是，如果說某件物品是一種商品，與購買這件物品的目的沒有關係，即與這物品是的效用及其用途是沒有關係的。這樣的物品是為交易對象之商品。蒲魯東先生的一切推論不過如此：為要購買勞動，不是把他當作消費之直接對象。不，購買勞動是當作生產工具，如同購買機器一般。那末祇要成為商品的勞動即有價值并不生產。蒲魯東先生或可以說：一切商品并不存在，因為商品只為某種效用的目的才購買，決不是把他本身當作商品來購買。

如果用勞動估計商品的價值，蒲魯東先生便漠然揣度不能不用這同一的尺度以估計有價值的勞動，即商品勞動。他極以為——以最低限度的工資作為直接勞動之當然而且合規的價格，即是承認社會的現狀。因此，為避免這種必然的結論起見，他於是轉變方向，而說勞動不是商品，不會有價值。他忘記他自身拿勞動價值做尺度，忘記他們全系統是建立在勞動商品之上，即交換，買賣，交換生產品等等的勞動之上，總之在成為勞動者收入之直接的源泉之上。他忘記一切了。

為保全他的系統起見，我願意犧牲他的系統之基礎。

Et propter vitam vivendi perder causas（爲生活而失去所以生活的要素）

現在我們說到"構成價值"之新的決定。

"價值乃是構成財富的生產品之比例的關係"。

首先我們要指出："相對價值或交換價值"那個簡單的字，是包含生產互相交換之任何關係的觀念的。我們稱這種關係爲"比例的關係"（rapport de proportionnalité），縱令這種表現有變化，而相對價值不受任何的變化。無論生產品的價值增高或減低，都不會破壞生產品與其他構成財富的生產品之何等"比例關係"中之性質。

然則，爲甚麼要用這種沒有何等新的觀念之新名詞呢？

"比例關係"令人想到許多其他的經濟關係，如同生產的比例，供給與需要間之不正確的比例等；蒲魯東先生想到了這些關係，同時申明販賣價值之敎授上應用的解釋。

首先，生產品的相對價值，爲生產每種物品所使用的**勞動之比較量**所決定，爲適用這種特殊情形之比例關係，卽表示在某一時間所能製造而用以交換的生產品之相互的分量。

試看蒲魯東先生如何利用這種比例關係呵！

40　　　構成價値或綜合價値

　　大家都知道,供給與需要保持均衡的時候,無論何種生產品的相對價値,都是由其中所包含的勞動量正確決定的;就是說,這種相對價値,卽表示比例關係恰如我們剛才所說的情形一樣。蒲魯東先生把事物的程序弄顛倒了。他說,最初用生產品中所包含的勞動量來估計生產品的相對價値,於是供給與需要必然保持平衡了。生產適合乎消費,生產品永是可以交換的。生產品的流通價格,恰好表現他的正確的價値。不是向大家說:當天氣好的時候,有許多人散步,蒲魯東先生却敎人去散步,爲了可以保證他有好的天氣。

　　蒲魯東先生所視爲由勞動時間所決定之販賣價値的結論,只能用下面幾句話所能說明的一種法則來證明:

　　生產品嗣後將按照他所消費的勞動時間之正確的比例而交換。無論供給與需要的比例如何,商品實行交換,恰如商品常是照需要的比例而生產的。蒲魯東先生要從這面造成一種相同的法則,而我們要經過證明呢。如果不然,他不以立法者的資格,而以經濟學家的資格證明他的理論,他便要證明:爲製造商品所必需要勞動時間,正是指出他的效用的程度,並指明他對于需要以至於財富全體之比例關係。在這種情形之下,如果生產品以生產費相等的價格而出售,則供給與需要常是保持均衡；因為生產費可以視為說明供給與需要之真正的關係。

其實蒲魯東先生極力證明，為製造生產品所必需的勞動時間，是與慾望成正確比例的，如此，則花費最少的時間所生產之生產品是最有直接用處的，并且以後都是如此。照這種學說，奢侈品之唯一的生產即已證明：社會上已有剩餘時間使他滿足一種奢侈的慾望。

蒲魯東先生在下面的觀察中找出他的論文之同一證據，證明最有用的物品花費最少的生產時間，社會常是先開始最容易的工業，繼而"從事於生產花費最多量的勞動時間而適應高等慾望的物品"。

蒲魯東先生援引杜諾也(Dunoyer)先生之初期工業的實例——收穫，畜牧，漁獵等——這種工業是最簡單，費用最少的，而人類由這種工業開始"第二期創造之第一日"。最初創造之第一日是記載在創世紀中，使我們看見神中之世界最初的工業家。

事實與蒲魯東先生所想到的恰好相反。當文化開始的時候，生產就建立在等級，身分，階級的對抗之上，結局即建立在積蓄勞動與直接勞動的對抗之上。沒有對抗，則沒有進

42	構成價值或綜合價值

步。這是文化進到現在所遵循的法則。一直到現在，生產力都是因爲這種階級對抗的制度而發展的。現在如果說，因爲一切勞動者的一切要求都已滿足，人類可以專心從事於超等物品的創造，更複雜的工業，這乃是使階級對抗抽象化，而推翻一切歷史的發展。這似乎是說，因爲在羅馬皇帝時代餵了海鰻在人造的池中，還有東西豐富地養育所有羅馬的人民；可是恰好相反，當時羅馬的人民缺乏爲買麵包所必需的東西，而羅馬的貴族幷不缺少奴隸爲他們飼養海鰻呢。

　　糧食價格差不多不斷的增高，而工業生產品與奢侈品的價格差不多不斷的低落了。拿農業本身來說：最必需的物品，譬如麥子，肉類等都加了價，而棉花，糖，咖啡等等則以可驚的比例不斷地跌價了。而且本來所謂食料中，如百葉菜之類（Artichaut），天門冬等等奢侈品，現在都比頭等需要的食料相對地便宜了。在現代，無甚用處的東西比必需的東西是更容易生產些。總之，在各種不同的歷史的時期中，價格的相互關係不僅不同，而且相反。在中古時代，農業生產品比工業生產品是相對地便宜些；在近代則成反比例。那末，農業生產品的效用，自中古時代以來便減少了麼？

　　生產品的使用，是由消費者所處的社會條件來決定的，而這些條件則建立在階級對抗之上。

棉花，馬鈴薯與火酒都是最普通所使用的物品。馬鈴薯發生了瘯癧；亞麻與羊毛，只是關於衛生方面，在許多情形中，他們雖有更大的效用，但大部分為棉花所驅逐了；至於火酒，雖然用為食品的火酒，大家認為是一種毒物，但他戰勝了啤酒與葡萄酒。在一世紀之間，各國政府徒然反對歐洲的鴉片煙；經濟占了優勝，他隨自己的意志左右消費了。

然則為甚麼棉花，馬鈴薯與火酒都是資產階級社會之樞紐呢？因為，為生產這些東西所費的勞動最少，因之這些東西的價格也最低。為甚麼價格的最低限度能決定消費的最高限度呢？這是偶然因為這些東西有絕對正效用，因為他的實際效用，即因他們最有用地適合常人的工人—并非為工人的人—之要求之效用嗎？不，這是因為建立在貧困之上的社會，最賤的生產品有供給最大多數的使用之必然的特權呢。

現在如果說，因為花費最少的東西與有最大的使用，這些東西應有最大的效用，這就是說，火酒之如此普遍的使用—因為他的生產費用少的緣故—即是他的效用之最確實的證明；這是對無產階級說，馬鈴薯對於也是比肉更有滋養

44　構成價値或綜合價値

些；這就是承認現在的情况；結果這是與蒲魯東先生一樣，即不了解社會，而爲社會辯護了。

在將來的社會中階級對抗已經中止，再沒有甚麼階級，則使用再不是用生產時間的最高限度來決定；但是爲各種物品所費之社會生產時間將由其社會效用的程度而決定的。

再說到蒲魯東先生的議論，生產物品之必要的勞動時間，旣經决不是他的效用程度之說明，則這種物品的交換價値絕對不會規定供給與需要之正確的關係，卽如蒲魯東先生有時所說的比例關係。

無論那種生產品決不是按照構成供給與需要的"比例關係"或這種生產品關係於生產全體之比例額之生產費的價格而出賣的；乃是需要與供給的變化指示生產者以必須生產某種商品之數量，以便至少在交換中收回生產費。至於產業各部門，因爲這種變化是無間斷的，於是資本的收縮與運用也有無間斷的變動。

"只是因爲同樣的變化，資本恰好卽在相當的比例內，幷非在比例以外，應用於所需要之各種商品的生產中。利潤由價格的增加或減少，而提高到一般的水平綫以上或低

哲學之貧困　　45

落到一般的水平綫以下，因此資本爲剛才所舉的這些勞動之一之特殊用途所汲引或排斥"。——"假設我們注意大城市的市場，卽可以看見他用何種規則得到相當數量本國的與外國的各種貨物，無論私意，嗜好或人口變動的結果所需要的如何不同；常常旣不至因豐富的供給而發生停滯，又不至因供給比需要不足而發生過度的昂貴；我們應當承認，照精密適當之比例分配資本到每個產業部門中原則，是比一般所推測的更有力量些"。（李嘉圖原著第一卷一〇五至一〇八則）

如果蒲魯東先生承認生產品的價値爲勞動時間所決定，則他也應當承認以勞動做價値尺度之搖擺的變動。沒有完全構成的"比例關係"，只有一種構成的變動。

我們已經知道，是在甚麼意義中，可以"比例"當作勞動時間所決定的價値之結論，我們現在可以明白蒲魯東先生所稱爲"均衡的法則"是以時間爲尺度。怎樣變成不均衡的法則。

一切新的發明使從來在兩點鐘內所能生產的東西在一點鐘內可以生產出來，於是使市場上一切同種的生產品都跌了價。競爭使生產者不得不以費兩點鐘所生產的東西與

46　構成價値或綜合價値

費一點鐘所生產的東西以同樣的廉價出售。競爭使生產必要的勞動時間所決定的生產品的相對價値的法則實現了。用做販賣價値尺度之勞動時間，於是變成勞動繼續的跌價之法則。我們還可以說，不僅搬到市場上的商品會跌價，而且生產手段與工廠全部都會跌價。李嘉圖把這種事實指出來了，他說：『因為常常增加生產的便宜，則我們常常減少從前所生產的某幾種物品之價値』。（第二卷五八頁）西斯門狄則更進一步了。他從用勞動時間所『構成的價値』中看近代工業與商業的一切矛盾之根源。他說：『照最後的分析交易價値（la value mercantile）常常是由該物品所必要的勞動量而決定的：這不是由那件物品實際所花費的勞動量來決定，而是以後用或已改良的手段所花費的勞動量來決定；而這種分量雖然難於估計，但是常常由競爭正確決定的……賣主的需要與買主的供給一樣，都是根據這種基礎而計算的。賣主或者認定：他為某件物品費了十勞動日；但是假設別人承認：某件物品當時用八勞動日可以完成，假設競爭使兩個當事者給以證明，則物品的價値縮減到八勞動日，而成立市場的價格。誠然，兩個當事者很有這種概念——物品是有用的，物品是需要的，沒有需要則決不會有販賣；但是價

哲學之貧困　　　　47

格的決定,與效用沒有保存任何的關係。"(見布魯塞發行之研究等第二卷二六七頁。)

根據這點,決定價值的,決不是生產某種物品之時間,而是可以生產某種物品之最低限度的時間,而這最低限度是由競爭來確定的,這是很有關係的。假設一旦再沒有競爭,因之再沒有方法證明為生產某種商品所必需的最低限度的勞動,結果甚麼樣呢?照蒲魯東先生的意思,為獲得只以一點鐘生產同樣的物品的人相同的利益之六倍,卽以六點鐘勞動生產一種物品就夠了。

然而,如果我們要考慮好或壞的關係問題,我們必以不均衡關係代替"均衡關係"。

勞動之繼續的跌價,只是用勞動時間估計商品之唯一的方面,唯一的結果。價格過高,生產過剩以及其他許多工業的無政府狀態之現象,都可以在這種估量的方式中找到他的解釋。

但是,用作價值尺度的勞動時間,至少使蒲魯東先生如此嬌愛之生產品中發生均衡的許多花樣嗎?

全然相反,結果單調的襲斷以至侵入生產品的範圍,同時盡人皆知,襲斷侵入生產工具的範圍。襲斷只是在幾部門

48　　　構成價值或綜合價值

工業一如棉業一發生迅速的進步。這些進步之自然的影響，譬如說棉類製造業生產品迅速的降低價格；但棉類的價格降低，同時麻類的價格就比較的抬高。結果怎樣呢？結果棉類將取麻類的位置而代之。麻類就是這樣差不多從全北美洲被擯逐出來。結果，不是各種生產品按照一定比例并存着，而是棉類統治了一切。

這個"比例關係"究竟還剩下甚麼呢？所剩下的祇是一位正直的人的願望罷了。正直的人願意各種商品按照一定的比例製造出來，各以低廉的價格出賣。自古以來，資產階級好人和慈善的經濟學家，都喜歡存着這種好願望。

請聽波吉勒伯爾（Bois-Guillebert）的說話：

他說："農產品的價值必須永遠是按照一定比例的，祇有這種使各種農產品共同生存的條件，才能使各種農產品中間時時互相交換（這就是蒲魯東先生的不斷的交易性）幷使這一種農產品靠着別一種農產品而發生。……財富既然就是這種人與人間及職業與職業間之不斷的混和，因此，除開因價格比例混亂而致商業停止這一原因之外，再去另外找尋貧困的原因，那就是可怕的盲目"。（見德爾出版的財富性質論）

哲學之貧困　　　49

還要聽一個近代經濟學家的議論：

"應用到生產上的一大法則，就是比例的法則(the law of proportion)，惟有這種法則可以保持價值之連續……同價的東西是應當保證的……常各時期，一切國家都想用許多商業上的規則與限制，以圖在某一點實現這種比例法則；但是，人類固有的利己主義使人類推翻這種規定制度。比例的生產 (proportionale production)，就是社會經濟的科學之整個的真理之實現"。亞特金孫 (W. Atkimson)：經濟學原理一七〇至一九五頁，此書於一八四〇年在倫敦出版。)

Fuit Troja。開始成為許多願望的對象之供給需要間之正當的比例，很久就已不存在了。他已到了年老死滅的狀態。當生產手段受了限制，而交換限於極端狹隘的範圍的時代，他才有存在的可能。因為大工業的發生，這種正當的比例不得消滅，而且生產必然要繼續經過興旺，衰落，恐慌，停滯，新的興旺以及如此循環的種種變遷。

那些想恢復生產之正確的比例，同時并保存現社會的基礎的人們—如西斯門狄—都是反動的，為要貫徹理論起見；他們不得不想恢復過去時代的產業所有其他的條件。

構成價值或綜合價值

維持產業之正確或近乎正確的比例的是甚麼呢？就是支配給供給而先於供給之需要。生產曾是一步一步隨着消費的。可是到了大產業，爲供他驅使的工具本身所強制，不得不照日見擴大的規模去生產，所以再不能等待需要。生產跑到消費的前面，供給強制需要了。

在現社會中，工業建立在個人的交換之上，生產的無政府狀態，乃是如此貧困的源泉，同時卽是一切進步的源泉。

所以，三者之中必居其一：

或者你希望過去幾世紀之正確的比例同着現代的生產方法，那末你是反動，同時是空想的。

或者，你希望進步而拋棄無政府狀態：那末，爲保持生產力起見，則不得不拋棄個人的交換。

個人的交換只能適應於過去幾世紀的小工業及連帶而起的"正確比例"，或者還能適應於大工業及其伴隨着的貧困與無政府狀態。

總之，由勞動時間做價值的決定，卽蒲魯東先生給我們當作將來再生的公式，只是現社會的經濟關係之科學的表示，如李嘉圖在蒲魯東以前所明白指示的。

但是，至少這種公式之平等的應用特屬之於蒲魯東先

哲　學　之　貧　困　　　　　　51

生嗎？他是想把一切的人變成直接勞動者，交換平等的勞動量以改革社會之第一個人嗎？這正好使他誹謗共產主義者——這些完全缺乏經濟學上的知識的人這些"固執愚蠢的人"，卽這些"天堂的空想家"——在他以前沒有找到"無產階級問題之解決"嗎？

無論何人都很少熟習英國經濟學的變動的，幷不是不知道英國一切社會主義者，在各時期都已提議對李嘉圖的學說之平等應用的。我們可以給蒲魯東先生一引證：一八二二年，霍布金（Hopkins）的經濟學；一九二七年威廉多普孫（WillamThompson）所著之財富是適合於人類幸福之分配原理的研究；一八二八年愛得門次（T. R. Edmonds）實踐的，道德的與政治經濟學等等。我們願意使人聽一個英國共產主義者布勒伊（U. Bray）議論。我們將敍述他的名著中之主要部分：一八三九年里次（Leeds）發行之勞動的損害與勞動的救治，幷且我們將要花費很多時間，第一因爲布勒在法國是不甚著名的；第二因爲我們相信在其中發現着了蒲魯東之過去，現在與未來的著作之關鍵。

"達到眞理之唯一的方法，就是直截了當探討基本的原理。我們一擧卽囘溯到政府本身所發生之根源。如果如此探

52　構成價值或綜合價值

究事物的根源，則我們可以知道：所有政府的力量，所有社會的與政府的不公正都由現存的社會制度——如現在存在的財產制度——所發生的；那末要永遠消滅現在之不公正與貧困，則必須激底推翻社會的現狀……如果我們站在他們本身的地位上，幷用他們本身的武器來攻擊一般經濟學家，則我們將對於他們常常表示的幻想家與理論家避免不合理的饒舌。祇要否認或非難他們所根據以建立他們本身的議論之真理與原則，那些經濟學家決難拒絕我們用這種方式所得到的結論（布勒原書一七與四一頁）。惟有勞動可以產生價值……每人對於他的正當的勞動可以使他得到的東西有確實的權利。那末如果佔有他的勞動的結果，則他對於其他的人幷不犯任何的不正；因爲他決不侵佔別人有同樣行動之權利……人們忽略了基本的原理，因之主張占有之不平等，所有上等與下等，主人與僱工與一切的觀念都由此而生。這種不平等存在一天；則一天不能拔除這種觀念，或推翻建立在這種觀念上的一切制度。一直到現在，人們常有糾正違反自然的實際狀況－如現在統治我們的東西－之空想，而希望破壞現存的不平等幷消滅不平等的原因；但是我們立即指出：政府不是種種原因，而是一種結果，幷且

哲學之貧困

政府不能創造，而是被創造的，一總而言之，政府是占有不平等的結果，而占有不平等是與現社會制度聯合而不可分離的。（布勒伊原著三三，三六至三七頁。）

平等制度在他不但有最大的利益，而且有嚴格的正義……每個人是一個環，并是種種作用的連鎖中一個必不可免的環，而他為達到一片羅紗的生產都是由一個觀念出發的。那末，我們對於各種職業的嗜好不是一樣，必不能得出這樣的結論：這一個人的勞動應比別個人的勞動更多得些犒賞。發明家，除開他的正常的金錢報酬以外，常常得到惟一天才所能得到之可驚的報酬……

"由勞動與交換之同樣的性質，嚴格正義要求一切交換者得到不特相互而且平等的利益。人類彼此所交換的，只有兩件東西。即是：勞動與勞動生產品。假若交換是遵照一種公正的制度而實施，則一切物品的價值都由其全部生產費來決定；并且相等的價值常常與相等的價值交換。例如，假設一個製帽子的人把一天的工夫製成一頂帽子，一個製靴子的人把同樣的時間製成一雙靴子（假定他們所用的原料是同一的價值）；他們將這些物品互相交換，則他們從這些物品所取得的利益同時是相互的并且平等的。這一方面所

54　　　構成價值或綜合價值

得到的利益不會是別一方面的損害，因爲每人供給同樣的勞動量；幷且他們所使用的材料是同樣的價值。但是假設製帽子的人以一頂帽子得到了兩雙靴子，顯然交換是不公道的。卽製帽子的人奪了製靴子的人一勞動日；幷且假設他在一切交換中都是如此，則他以半年的勞動得到別人一年的生產品。一直到現在，我們常常遵照這種非常不公道的交換制度：卽工人以一年的勞動給資本家而交換半年的價值，——而財富與權力之不平等，卽由此而生，幷非由於所謂個人的體力與智力的不平等云。交換的不平等，購買與販賣中的價格之相差，只是在資本家永遠做資本家，工人永遠做工人的條件之下——一方面是殘暴階級，另一方面奴隸階級——才能存在的……然則，這種交易顯然證明：資本家與地主，對於工人一星期的勞動，只將上星期從工人方面所得到的財富之一部分給工人，就是說，有些東西，他們甚麼也不給他呢……勞動者與資本家之間的交易是一場眞正的笑話；事實上在各種情形之下，縱令合法，只是一種無恥的刼奪。（布勒伊原書四五，四八，四九至五〇頁。）

"企業家的利潤永遠是工人的損失——一直到兩方面之交換達到平等的時候爲止；幷且只要社會是分成資本家

第一章 科学上的一种发现

哲學之貧困　　55

與生產者,生產者靠勞動而生活,資本家則靠這種勞動的利潤而自肥,那末交換是不能平等的……

布勒伊又說:"你們徒然建立這樣或那樣的政府形式,你們徒然以道德與博愛的名義說教,是沒有甚麼用處的……互惠主義是與交換不平等不相容的。所謂換有不平等的源泉之,交換不平等是吞噬我們之無形的仇敵"。(布勒伊原書五一與五二頁。)

"考察社會的目標目的使我們得到結論是——不但一切的人應該勞動,而且達到可以交換,但是,相等的價值應當與相等的價值相交換。再則,因為這個人的利益不應當是那個人的損失,所以價值應當用生產費來決定。然而我們已經知道:在現社會制度之下,資本家與富翁的利益常是工人的損失——只要交換的不平等繼續存在,則在每種政府形式之下,這種結果必不可免地繼續存在,并且貧民完全乞憐於富人——交換的平等,只有承認勞動的普遍性之社會制度才能保證的……交換的平等漸漸使財富由現在資本家之手移到工人階級之手"。(見布勒伊原書五四五五頁。)

"如果交換不平等的制度尚在施行,縱令廢除政府的捐款,租稅……則生產者常常是貧困,無知,過度的勞動,與現

56　構成價值或綜合價值

在所處的情形一樣，只有完全改變制度，採用勞動與交換的平等，才能改良這種狀況幷給人類保證權利之眞正平等……生產者只有努力——就是要他們爲他們本身的安全而努力——他們的連銷永遠會破壞的……以政治上的平等爲目的固是一種錯誤，以他爲一種手段也是一種錯誤。"

"因爲交換的平等，則這個人的利益不能是那個人的損失：因爲一切交換再不只是勞動與財富之簡單的轉移，即不需要任何的犧牲。所以，立脚在交換平等的社會制度之下，生產者因爲他的節省還可以達到發財；但是他的財富再不只是他本身的勞動積蓄而成的生產物。他可以交換他的財富或把他給別人；但是在他停止勞動之後，即不能保存財富到稍微延長的時期。因爲交換的平等，則財富失掉所謂本身更新，再生產之現在的能力：他再不能塡補消費所造成的虧空；因爲除非用勞動再生產，一旦消費了的財富即永遠消失了。我們現在所謂利潤與利息者，在平等的交換制度之下，再不能存在了。這種制度之下，生產者與分配者可得到同等的報酬幷且用以決定已構成的幷達到消費者的之手的一切物品的價值就是他們勞動的總額……

"所以，交換中之平等的原則，因其本身的性質，應當逐到普遍的勞動"。(見布勒伊原書七六，八八，八九，九二及一〇九頁。)

在辯駁一般經濟學家對於共產主義反對議論以後，布勒伊還這樣說：

"假設為使共產制的社會制度成為完善的形式，人類性質的變化是必不可免的；假設另一方面，在現制度之下，沒有我們所要的機會與便利以達到這種性質的變化，幷使人類達到我們大家所希望的最善的狀況；很明顯的，事物必然代保存現在的狀態，——除非是人們發現幷施行一種過度時代的社會制度——介於現在社會制度和未來社會制度（共產制度）中間的一種運動——一種中介的休息時期，在此時期，社會發揮其一切的罪惡和缺陷，接着社會就祇保存着其豐富的優點而脫離了這舊時期；這些優點正是共產制度生存的條件"。(布勒伊一三六頁)

"整個的運動只要求最簡單的形式之協作……在一切情勢之下，生產費決定生產品的價值，同等的價值常常與同等的價值相交換。假設有甲乙兩人，甲工作一整星期，乙工作半星期，甲得到乙的報酬之兩倍；但是這種剩餘報酬不是犧牲乙以給甲：乙所受的損失決不是落在甲身上。每人以他

| 58 | 構成價值或綜合價值 |

個人所得的工資來交換與他的工資同等價值的物品，而在任何情況中，由這一個人或這一種產業所得到的利益，不會造成別一個人或別一種產業部門的損失。各個人的勞動是他的利益與損失之唯一的尺度……

"……消費所需要的各種物品的分量，每種物品與其他的東西（在各種勞動部門所使用之工人數目）比較之相對價值，總之，凡屬社會生產與分配有關係的一切事務，都可由中央與地方交易局（boards of trade）來決定。將來為一國實行這種動作比在現在制度下為一個私人團體實行這種動作是同樣少的時間與同樣的容易……個人團結而成家族，家族團結而成共同團體，如在現制度之下一般……并沒有直接廢除城市與鄉村中的人口之不好的分配。在這種社會中，各人仍然享受現在所占有之適合己意之蓄積自由以及使用這種積蓄之自由……我們的社會可以說是由無量數的最小的股份公司組織成的一個大股份公司，這些最小的股份公司的人大家勞動，大家生產并站在最完全的平等地位上交換他們的生產品……我們的新的股份公司制度為達到共產主義，只是對現社會一種讓步，以至生產品私有制與生產力公有制同時存在，我們的新的股份公司使個人的命運依賴他的本身的活動，幷使他在自然與技術進步所貢獻之一切利益得到平等的股份。因此我們的新的股份公司可以適合現今存在的社會，幷可以預備最後的變化"。(布勒伊原書一五八，一六○，一六二，一六八，一九四及一九九頁。)

我們只需幾句話就可以回答布勒伊先生；他不管我們怎麼樣，已經取蒲魯東先生而代之；除此以外，布勒伊先生決不願斷定人類的命運，所以對於現社會與共同社會的制度之間往往提出他所認爲適當的手段。

彼得一鐘點的勞動，交換保羅一點鐘的勞動。這就是布勒伊先生之根本定理。

假設彼得有十二點鐘的勞動，而保羅只有六點鐘的勞動：然則彼得與保羅只能有六對六的交換。因此彼得剩有六點鐘的勞動。他把這六點鐘的勞動做甚麼呢？

或者他不能做甚麼用，卽是他勞動六點鐘毫無作用，或者停止其他六鐘點的勞動，以使之平衡；再不然，則是他的最後的手段，他以他只要做的六鐘點拿到市場上給保羅。

那末，到底彼得比保羅多得到甚麼呢？勞動時間嗎？否。他只得到餘暇的時間：他在六點鐘之間卽不得不做閒人。那

| 60 | 構成價值或綜合價值 |

末，爲使這種新的閒暇的權利不但在新社會中是應享受的，而且是被尊敬的，所以新的社會必須從閒暇中得到他的最大的幸福，而勞動如同壓迫在社會上的一種鎖鍊是爲無論如何新社會必須解除的。再則，仍就前面的例子而言，彼得比保羅多得到之餘暇時間是一種眞的利益罷！但是不然，保羅開始勞動六點鐘，用一種經常的而且合規的勞動，竟達到與彼得用一種過度勞動開始所得到的結果一樣。每個人想變成保羅，爲得到保羅的地位而發生競爭——怠惰的競爭。

誠然如此！同等的勞動量之交換給了我們甚麼東西呢？即生產過剩，價格低落，因過度勞動而起的失業，總之如我們所看見之現社會的經濟關係一樣，不過少了一件勞動競爭罷了。

但是不然，我們錯了。還有可以救濟新社會即彼得與保羅的社會之一種方法。彼得將自己消費他所剩餘六點鐘的勞動生產品。但是他已經再不要爲生產而交換，則他再不要爲交換而生產，而建立在交換與分工之上的社會一切前提都不能成立了。因此，要保全交換的平等，而交換却已不能存在：保羅與彼得即復囘到魯濱孫的狀況了。

所以，如果假定所有社會的分子都是直接的勞動者，則勞動時間的同等分量的交換只在下面的條件之下才有可能，卽預先協定爲物質生產所必須使用的時間數目。但是，這樣的協定實否認了個人的交換。

如果我們再不拿已造成的生產物的分配而拿生產行爲做出發點，則我們還要達到同一的結論。在大工業中，彼得不是由他自由決定他的勞動時間的，因爲沒有組成工廠之一切的彼得與一切保羅之合作，則彼得甚麼也不能做。這正可以說明英國商業家對於十小時勞動法案之頑強的反抗。他們只知道：婦女與兒童兩點鐘勞動時間減少，必然引起成年人勞動時間的減少。在大工業的性質中，勞動時間對於一切人都是平等的。假設斷絕勞動與資本的關係，則今天資本與勞動者相互間的競爭之結果，至明天卽是建立在生產力的總和與現存的需要的總和的關係之上之協定的事實。

但是，這樣的協定卽是個人的交換之廢除，此處又達到我們最初的結果。

在原則上，沒有生產品的交換，而有協助生產之勞動的交換。卽生產力的交換方法決定生產品的交換方法。大抵，生產品的交換形式與生產形式相適應。後者如有變化，前者

62　　　構成價值或綜合價值

即因之而變化。因此，在社會歷史中，看見生產物的交換方法按照生產方法而規定。個人的交換亦與一定的生產方法相適應，而這種生產的本身又與階級對抗相適應。

可是愚笨的意識否認這種明顯的事實。祇要他是資產階級的分子，除非可以使人看出：在這種對抗關係中，不允許有損失利己調和與永遠的正義之關係以外，再沒有別的在資產階級看來，個人的交換是沒有階級對抗可以存在的：他以為這是兩件完全分離的事情。如資產階級所想像的個人的交換，決不像實際應用的個人的交換。

布勒伊先生把資產階級的愚笨的幻想作為他所欲實現的理想。他刷新個人的交換，剔除其中所發見之對抗的要素，而想發見他所希望在社會中得以實現之"平等的"關係。

布勒伊先生不知道：他所想在社會應用之平等的關係，即改良的理想，他本身就是現社會的反映，因此，想在只是一種美化的陰影的基礎上建立社會，是完全不可能的。祇要陰影再成為形體，即可以明白：這種形體決不是夢想的形體之變形，而是社會之現實的本體。

第 三 節

價值的比例法則之應用

A. 貨幣

金與銀是價值達到他的構成之第一種商品。

所以金與銀是爲蒲魯東先生的"構成價值"之最初的應用。那末,爲蒲魯東先生構成生產品的價值, 卽以生產品所包含的勞動比較量來決定他的價值, 所以他所要做的唯一的事情,就是證明: 金銀的價值的變動,常常由生產金銀所必要的勞動時間的價值來說明。魯蒲東先生沒有想到這一點。他不稱金銀爲商品,而稱之爲貨幣。

世上如果有所謂論理,那麼,整個的理論卽在於爲那用

64　價值的比例法則之應用

勞動時間評價的一切商品之利益，去潛竊金和銀所以成為貨幣作用的特性。

一種有用的生產品，由其生產所必要的勞動時間來估價，是常常可以拿來交換的。蒲魯東先生說：達到我所希望的"交換可能性"的條件之金銀即是一種證據。所以金與銀——即是達到了構成狀態的價值。即是蒲魯東先生的思想之組合。對於他的實例之選譯，這是最好不過的。金與銀，除開他們有與其他一切商品同樣用勞動時間來估價的商品性質以外，還有交換之普通的媒介物，即貨幣的性質。如果現在拿金銀當作勞動時間所"構成的價值"之應用，則除證明由勞動時間所構成的價值之一切商品常可以交換的，可以做貨幣外，再沒有比這更容易的了。

在蒲魯東先生的心中發現一個極簡單的問題。為甚麼金銀有做"構成價值"的模範之特權呢？

"習慣所賦與做交易媒介物的貴金屬之特別機能，純粹是習慣的，而其他一切的商品，或者不甚便利，但是也很正當的，他可以完成這種職任：經濟學家都承認他并引出一些實例。然則，一般承認貴金屬有用作貨幣之優先權是甚麼理由，又怎樣說明在經濟學家中沒有類似的貨幣機能之特性

64

哲學之貧困　　65

呢？……然則，可以建立貨幣所由分派之體系，因以說明貨幣之眞正的原理嗎？

用這些話提出問題，蒲魯東先生就已經假定有貨幣。他應當提出之第一個問題，就是要明白：爲甚麼現在所構成的交換中必須把所謂構成交換的特別媒介物之交換價值拿來個體化。貨幣幷不是一件物品，而是一種社會關係。爲甚麼貨幣關係是一種生產關係，與其他一切的經濟關係如分工等等一樣呢？假若蒲魯東先生充分了解這種關係，則他或不至把貨幣當作一種例外，當作從未知的或待探求的系列分離出來的一部分。

反之，他或許承認這種關係是其他關係的整個連鎖之一環、而且密切的與整個連鎖相聯繫的；這種關係，恰與個人交換一樣，是與一定的生產方式相適應的。他，蒲魯東，他究竟怎樣做呢？他開始將貨幣從現在的生產方式總體中割裂出來，接着又將貨幣作爲一種像想的系列，一種待探求的體系之第一個肢體。

一旦承認了特別的交換媒介物的必要，即貨幣的必要，問題就祇在解釋爲甚麼這種特殊機能是特別屬於金銀，而非屬於其他商品。這乃是一個次要的問題，這個問題是不

66　價值的比例法則之應用

能拿生產關係的鎖鍊來解釋的，祇可以拿金銀本有的特殊性質來解釋的。蒲魯東先生非難說：如此說來，如果經濟學家，在此情形之下，"超出本科學的領域，如果他們去研究物理學機械學以及歷史等"，那將怎麼辦呢？那他們實在是做他們所應該做的事情。問題已經不在經濟的領域內了。

蒲魯東先生說：經濟學家所未曾看到，未曾瞭解的，就是'經濟的理性'，此種理性，爲着貴重金屬的利益，決定了貴重金屬的優點"。

沒有一個人所曾經看到并瞭解的經濟的理性，已爲蒲魯東先生所看到，瞭解并傳之於後代了。

有一點是從沒有一個人注意到的，這就是：在一切商品中，金與銀是價值達到構成之第一種商品。在宗法社會時代，金和銀還是可以互相賣買的，還是可以一錠一錠地交換的，但已經有明顯的趨於統治一切的傾向和顯然的優越地位。封建諸侯王逐漸佔有金和銀并在其上蓋上自己的印章；貨幣即由諸侯王的這種蓋章儀式而發生的，——貨幣可以說就是一種最良好的商品，不管一切商業上的搖動，仍能保持一種一定的比例價值，并且對於各種付款都是可以接受的。……我重複說一遍，金與銀的特性就在乎：因爲二者本具有金屬的性質，又因爲二者的生產本就是困難的，更因爲二者都得公共權威的垂青，所以一早就以商品的資格取得了堅固性和確實性。

以爲在一切商品中，金銀是價值達到構成的第一種商品，卽如上面所說的，金銀是達到貨幣狀態的第一種商品，——這就是蒲魯東先生之偉大的啓示，這就是在他以前沒有發現過的眞理。

如果蒲魯東先生這些話意思是要說：金銀生產的時期比其他商品生產的時期來得更早，這又是他急於要提出於讀者前面的一種假設。假設我們對於宗法社會知識的淵博，那我們可以告訴蒲魯東先生：爲生產最必需的物品——如鐵等等——之必要的生產時期是最早的。我們將以亞丹斯密之有名的弓來寬恕他。

但是，既然如此，既然一種價值決不是單獨構成，那麼蒲魯東先生怎樣可以說一種價值的構成呢？一種價值，不是由單獨生產價值所必要的時間構成的，而是由對於相同的時間內所能生產之其他一切生產品的分量之關係構成的。因此，金銀的價值之構成以其他一羣的生產品之已有的構成爲前提。

68　價值的比例法則之應用

所以，并不是商品在金銀內達到了"構成價值"的狀態，而是蒲魯東先生的"構成價值"在金銀中達到了貨幣的狀態。

現在就要更進一步去考查這些經濟的理性，這種理性，照蒲魯東先生看來，是使金銀經過價值的構成狀態而比其他一切生產品更能早造成貨幣的。

這些經濟的理性就是："在宗法制度的時代"已有的"顯然的優越地位"以及同樣的事實的其他形容詞，是足以增加困難的，因為這些形容詞經過蒲魯東先生為說明事實而旁徵博引以後，更使事實複雜起來。蒲魯東先生還沒有澈底說盡一切所謂經濟的理性。試看底下又是一個具有至高上不可抵禦的力量的一個經濟理性：

貨幣是由諸侯王的神怪儀式而產生的：即君主佔有金銀而蓋上他們的印章"。

那末，在蒲魯東先生看來，諸侯王的專斷正是經濟學上之最高的理性！

真的，如果不知道從古以來，都是君主服從經濟的條件，而決不是他們製作經濟條件的法則，自必是缺乏一切歷史的知識。所謂公法與私法都只是公布，陳述經濟關係的權力。

果是君主占有金銀，蓋上他們的印章，而把他作為交換的普遍的媒介物，是這些交換的普遍的媒介物更早就占有君主，強迫他在他們上面蓋上他的印章而給他們以政治的聖職任命式嗎？

人們給貨幣之標識，不是他的價值之標識，而是他的重量之標識。蒲魯東先生所說之固定性與確實性，只適用於貨幣的品位，而這種品位即指示在一塊已鑄成的貨幣中有多少金屬的物質。福綠特爾（Voltaire）以為人所承認的適當的意義說：＂一馬爾克（Marc）銀子之唯一實在的價值為銀馬爾克，即八翁士（Once）之一半里弗爾（livre）重。唯有重量與品位，構成這種實在的價值＂。（福綠特爾：法律之系統）但是一翁士金與銀值若干那個問題，依然是存在的。假設大可羅百（Grand Colbert）的羊毛織物店掛著商標：＇純淨羊毛＇，這個商標還不曾把羊毛織物的價值告訴你們。要知道羊毛的價值，仍是問題。蒲魯東先生說：法蘭西王菲里普第一（Phelippe Ier）以三分之一的混合物滲入一里弗爾的都爾諾瓦（tournois）的奢爾洛馬弱（Charlemagne）中，因想獨自壟斷貨幣的製造，於是凡屬商人壟斷某種生產品所能做的事，他都可以做。對於菲里普及其繼承人紛起責難之貨幣改鑄，結果如何呢！如果認爲供給與需要乃價值的尺度，或因生產一種人爲的稀罕的東西，或因獨占生產，則可以提高評價，因以提高物品的價值，并且如果認爲金銀爲麥子，酒，油，烟草一般，眞是如此，那末這種推論，就商業習慣的觀點說是很正確的，在經濟學上則是很錯誤的。然而，與其說他的貨幣縮減了他的正確的價值，寧可說，菲里普的欺詐是無疑的，同時并失掉他想言從他的臣民方面所得的利益。一切類似的企圖之結局，都陷於同樣的運命"。

首先已經屢次指出：假若王侯準備改鑄貨幣，其實受損失的就是他。惟有最初發行貨幣那一次得到些利益，以後改鑄了的貨幣每次以賦稅的形式還給他，他便要受損失。但是菲力普與他的繼承者已經知道：多少要避免這種損失，因爲一旦改鑄的貨幣已經流通，他們除非命令按照從來的重量改鑄一切貨幣外，沒有比這更緊急的事要做了。

更有進者，假使菲力普第一眞正如蒲魯東先生一樣推理，"則在商業的觀點上"。菲力普第一推理不會正確的。當菲力普第一與蒲魯東先生以爲一切商品的價值由供給與需要的關係來決定，因這種唯一的理由，金子與其他商品的價值同樣可以改變的之時，他們兩人都不曾表示商業的天才。

假使菲力普王命令以後一Muid麥子叫做二Muids麥子，他便是一個騙子了。他欺騙一切收利坐食者，一切要受百Muids麥子的人，他以爲所有這些人不應收受百Muids麥子，只能收受五十Muids。假定國王爲欠百Muids麥子的債務者，則他只還五十Muids的麥子。但是，在商業中，百Muids從沒有值五十Muids以上的。只變更名稱，幷沒變更實物呢。無論供給或需要的麥子的分量如何，都不會因這樣簡單的變更名稱而增減的。那末，縱令改變名稱，供給與需要的關係還是一樣，而麥子的價格不會受任何實際的改變的。談到物品的供給與需要的時候，幷沒有談到物品名稱的供給與需要。誠如蒲魯東先生所說：菲力普第一幷不是金銀的製作者；他是貨幣名稱的製作者。你把你的法蘭西的羊毛織物作爲亞細亞的羊毛織物，欺騙一二個購買者是可能的；但是欺詐一旦暴露，則你所謂亞細亞的羊毛織物的價格將低落到與法蘭西的羊毛織毛的價格一樣。如果給金銀一個假的標記，菲力普第一只在欺詐沒有暴露的時候才能欺騙人民。如同其他一切的店主一樣，他用一種假的質品

72　價值的比例法則之應用

的商品欺騙他的顧客：這樣只能支持一時，遲早要服從交易法則之嚴格限制的。那是蒲魯東先生所欲證明的嗎？不。照他的意見，貨幣之受他的價值不由於君主，而由於交易。實在他證明了甚麼呢？交易比君主是更有權力些。君主命令以後一個馬爾克(Marc)當作兩個馬爾克 Marc)，交易則常常告訴你們：這兩個馬爾克(Marc)只值得從前的馬爾克(Marc)的價。

但是，如此則由勞動量所決定的價值問題并沒有前進一步。跌落到從前的馬爾克(Marc)一樣的二馬爾克(Marc)，是用生產費來決定，或用供給與需要的法則來決定呢？這仍然是問題。

蒲魯東先生又說："同樣要考察，假若不改鑄貨幣，以國王的權力使貨幣的分量增加二倍，則金銀的交換價值，常常因為平衡與平均的理由，立即低落二分之一"。

假使蒲魯東先生與其他經濟學家共同的意見是正確的，則證明他們關於供給與需要的學說之正確而決不是證明蒲魯東先生的平衡法則的學說之正確。因為無論在金銀加倍的分量中所包含的勞動量如何，需要仍是一樣，供給增加兩倍。而他的價值低落一半了，或者均衡的法則偶然與供给与需要之如此轻视的法则相混合吗？蒲鲁东先生所谓正确的均衡的法则实在是如此宽泛，一旦与供给需要的关系竟得到充分一致而与许多的变化配合及变动相适应。

根据金银所具的作用，"一切商品，虽不在事实上，至少在法律上，是为交换所承认的，那末，这是误解了这种作用。金银为法律所承认，不过因为他已为事实所承认的而已，而他的事实所承认，即因为现在的生产组织需要一种交换的普遍媒介物呢。法律只是承认事实而已。

我们已经知道，蒲鲁东先生选择货币为达到了构成状态的价值的应用之一例，只是为秘密输入他之交换可能性的学说，即是指出一切用生产费来估价的商品必然达到货币的状态。所有这些说话都是好的，只是有一缺点，即成为货币的金银，在一切商品中，恰好是不用生产费来决定之唯一的东西；尤其证明是不错的，即金银在流通中竟可以用纸币来代替。祇要流通的需要与发行货币——无论纸币，金货，白金货，或铜货——的分量之间保存一定的比例，则货币之实在的价值（生产费）与法定的价值之间保存有一种均衡便不成问题。固然，在国际贸易中，货币与其他一切的商品一样，是用劳动时间来决定的。但是投入国际贸易中的金

74	價值的比例法則之應用

銀,亦是當做生產品,并非當做貨幣之交換手段,就是說:喪失蒲魯東先生所認為構成金銀的特點之"固定性與確實性,"以及君主的任命之性質。李嘉圖極明白這種真理,所以他在勞動時間所決定的價值之上建立他的全系統,并且說:"金銀與其他一切的商品一般,只有使他生產并把他運到市場上所必要的勞動量的比例才有價值",然而他又說,貨幣的價值不是用他的材料中所包含的勞動時間來決定的,僅僅是用供給與需要的法則來決定的。雖然紙幣決沒有實在的價值,然而假若限制他的分量,則他的交換價值,可以與同一的法定之金屬貨幣或按現貨評價的元寶之價值相等。用同一的原則,即限制貨幣的分量,則低等成色的貨幣可以同一的價值流通,假設他的重量與成色是由法律來決定,并不是由他所包含之純金的實在價值來決定的。此所以在英國的貨幣史中,我們知道:我們的正金從沒有照造同一的比例而減價的。貨幣從沒有按照減價之同一的比例而增加即是這個道理。(李嘉圖)

瑟伊對於李加圖這段文章之觀察如左:

"在我看來,這種實例足以使著者相信整個價值的基礎,不是為製造商品所必要的勞動量,而是人對商品之需要,而需要與商品的稀少相平均的"。

那末在李加圖看來,貨幣決不是由勞動時間所決定的價值,而瑟伊却因如拿貨幣做實例,以使李加圖承認:若他的價值同樣也是由勞動時間來決定的;我可以說:瑟伊所拿來用作專由供給需要所決定的價值的實例的貨幣,蒲魯東先生以爲——這是由勞動時間所構成的價值的應用之絕好實例。

總之,如果貨幣決不是由勞動時間所"構成的價值,"則他與蒲魯東先生所謂正確平衡,更少有何等共通之點。金銀是常可以交換的,因爲他們有用爲交換的普遍媒介物之特殊作用,而決不是因爲他們存在於對財富全體之比例的分量中;或更正確地說,他們常常保持均衡的,因爲一切商品中,惟有金銀用作貨幣,即用作交換的普遍的媒介物,無論他們的分量對於財富全體之比例如何。"流通中的貨幣從不會充分豐富至於洶溢;因爲如果減低貨幣的價值,可以照同樣的比例增加他的分量的,并且如果增加貨幣的價值,可以減少他的分量的"。(李加圖)

蒲魯東先叫喊着,"經濟學何等混亂呵"!

一個共產主義者(照蒲魯東先生的說法)可笑地叫喊

76　價值的比例法則之應用

着,"可咀咒的金子呵"!同樣可以說:可咀咒的最高等小麥,可咀咒的葡萄,可咀咒羊!因爲"與金銀一樣,一切商業價值(Valeur Commercale) 都應當達到他的正確而嚴格的決定"。

要羊與葡萄達到貨幣的狀態之思想并不是新奇的。在法國,當路易十四(Louis XIV)的時代即有這種思想。當這個時期,因爲貨幣開始表現他的萬能,以致人們怨恨其他一切的商品的跌價,并且人們一切的願望等待"商業價值"可以達到他的正確而嚴格的決定,即貨幣的狀態度之時機。法國最古的經濟學家之一,波吉勒爾伯(Bois-Guillebert)學說中,我們已經發現下面的言論:"當時,因商品仍回復到正當的價值,而有無數競爭者出現,貨幣便限制在自然的界限中"。德爾(Daire)刊行之(十八世紀的財政經濟學者四二二頁。)

B. 剩餘勞動

在經濟學的著作中,看到這種錯謬的假定:假定物品的價格增加一倍……恰如物品價格不是物品間的平衡,而可以使平衡,關係,法則增加一倍"!(蒲魯東,第一卷八一頁)

經濟學家不知道應用"均衡的法則"與"構成價值",都

哲　學　之　貧　困　　　　77

陷於這種錯誤中了。

不幸，在蒲魯東先生之同一著作中，即第一卷一一〇頁，讀到這種錯謬的假定，"假若工資一般地提高，則物品的價格提高"。加之，假若在經濟學的著作中找着剛才所說的文句，同時也可以在其中找着這種文句的說明。"假如說：一切商品的價格高漲或低落，常常把商品的這樣或那樣除外：被除外的商品大概是貨幣或勞動"。(見一八三六年倫敦出版之知識的百科辭典 Encgclopoedia Uetropolitana or-Universal Dictionary of Knowledge) 第四卷惹尼若(Senior) 所寫之經濟學項) (參照一八四四年倫敦發行密勒 (l. St Mill) 所著關於經濟學未解決的問題之論文及一八三八年倫敦發行涂克(Tooke)之價格史等，亦有此表現。)

現在說到"構成價值第二種應用以及其他的比例性一唯一的缺點就是缺少比例的；并且看看蒲魯東先生對於這一點是否比羊的貨幣幣化更加成功些。

勞動當留有剩餘，這是經濟學家一般承認的公理。在我看來，這個命題是一種普遍而且絕對的真理：即可視為全經濟科學的總括之均衡的法則之歸結。但是我對不起經濟學家，勞動為留有剩餘之原則，在他們的理論中並沒有何等

78 價值的比例法則之應用

意義,并沒有得到任何的證明"。(蒲魯東)

為證明勞動必留有剩餘起見,蒲魯東先生便把社會人格化;他把社會作為(Société personne)社會人,社會不是個人的社會,因為他有自身的法則,與構成社會的個人沒有任何的共同點,并且他固有的智力不是人類共同的智力,而是沒有共同的意義之智力。蒲魯東先生責備經濟學家不了解這種集體的人格。我願以一個美國的經濟學家下面的文章反對他,這位經濟學家責備其他經濟學者恰好相反:稱呼社會之精神的一體(The moral entity),文法的存在(The grammatical being)都帶有種種屬性的,而這些屬性只在以一句話創造一件事物的人之想像中才有其實的存在的……這是在經濟學中所發生的許多困難與可惜的誤解"。(見一八二六年哥倫比亞(Columbia),葛白(Th. Cooper)經濟學的要素講義)

蒲魯東先生又說:"這種剩餘勞動的原理真成為個人的,只因為他由個人以他自身的法則的利益之社會而發生"。

由是蒲魯東先生想很簡單地說:社會的個人之生產超過孤立的個人之生產嗎?這是蒲魯東先生所聽說之聯合的

哲學之貧困　　　79

個人對於不聯合的個人之剩餘生產嗎？假說如此我們可以引用無數經濟學家的話告訴他，他們說明這種簡單的眞理而無蒲魯東先生所擁抱的神秘主義。例如，薩德勒(Sadler)先生所說的：

"協同的勞動發生個人的勞動所從沒有生產的結果。所以當人類的數目漸漸增加的時候，協同的工業生產品卽超過根據人類增加所計算之簡單加算的總額……在機械的技術中，如同在科學的工作中一般，現在，一個人在一天以內所做的事，比一個孤立的人在一生中所做的事還多。所謂全體爲各部分的總和之數學家的公理再不是眞理，此處再不適用了。至於勞動，卽人類生存之大柱石，可以說，協同努力的生產品，比個人的，分離的努力之生產品所能生產的東西多得多"。（見一八三〇年倫敦發行薩德勒所著人口之法則）

再說到蒲魯東先生。他說：剩餘勞動，卽可以用社會人來說明。這種人格的生活從支配個人的活動的相對立的法則，這是他所欲用"事實"來證明的事。

一種經濟上的方法之發現，決不能得到與發明家所供給於社會的利益相等的利益……人們知道，鐵道企業對國

80　　　　價值的比例法則之應用

家是一種大的財富的源泉，對於企業家則是很少的……用運貨車將商品輸送到倉棧之運輸的平均價格，每噸及每基羅邁當是十八個生丁。照這種價格計算，普通的鐵道企業沒有得到百分之十的純利，結果約等於運貨車企業的純利。但是假定鐵道運輸的速度與運貨車運輸速度，爲四與一之比：如在社會中，時間也是價值，照同等價格，鐵道對運貨車可有百分之四〇〇的利益。然而對於社會之很實際的，莫大的利益，決不能對運送業者照同一的比例實行的；當他使社會享受百分之四〇〇特別的利益，而他自身沒有取得百分之十呢。實在，爲使事實更加明白起見，假定鐵道取二十五個生丁的運費，而運貨車的運費仍是十八個生丁：則鐵道將沒有貨可運了。運送人，收件人，所有的人將恢復古代的馬車，壞的車子，假沒有必要。人們將捨棄機關車了：百分之四〇〇的利益，將受百分之三五的損失。這個理由是易於明白的：由鐵道的迅速所發生的利益是純粹社會的，幷且每個人只共有利益之最少的比例（不要忘記：這種情形只就商品運輸的問題而言）同時消費者個人直接受損失。等於四〇〇之社會的利益屬於個人，假說社會仍仍有一百萬人，一萬分之四：當時屬於消費者之百分之四〇〇的損失是以三千三

哲　學　之　貧　困　　　　81

百萬人之社會的損失爲前提"。(蒲魯東第一卷一〇〇至一〇一頁)

蒲魯東先生以最初的速度之百分之四〇〇說明四倍的速度；但是他以速度的百分比拿來比較利潤的百分比，而構成兩種關係中之比例；然而這兩種關係用百分比分開來測量，則二者之間有不可約的數：這是建立百分比間之比例而把百分比的稱呼撇開不管了。

百分比常常是百分比，百分之一〇與百分之四〇〇是不可約的；二者相比卽爲一〇與四〇〇之比。所以蒲魯東先生結論說，百分之一〇的利潤相當於四倍的速度之四十倍還弱。爲救全外觀起見，他說，對社會而言，時間卽是價值。這種錯誤，卽由於他漠然所謂價値與勞動時間之之一種關係而發生的，而他把勞動時間與運輸時間混爲一體，卽是說：他把幾個火夫，列車管理人及其同事(他們的勞動時間不是別的，只是運輸時間)與全社會混爲一體，除此以外，再沒有更緊急的事可幹了。現在，這是成了資本的速力，幷在這種情形之下，他很有理由可以說："百分之四〇〇的利益將受百分之三五的損失"。在敎學上樹立這種奇妙的命題以後，他以經濟學者的的資格給我們以下的說明。

81

82　價值的比例法則之應用

假若社會往往由百萬人組織而成，等於四〇〇之社會的利益，對各個人而言，代表卽一萬分之四"。好啦；但是問題不在乎四〇〇而在乎百分之四〇〇，並且百分之四〇〇的利益，對個人而言，則代表百分之四〇〇不多不少。無論資本若干，分配額却常是百分之四〇〇的比例。蒲魯東先生怎樣呢？他拿百分比做資本，而他似乎恐怕他的混亂尚未充分明白表現，他繼續地說：

"對於消費者百分之三三的損失，以三千三百萬之社會的損失爲前提"；對於一個消費者損失的百分之三三，仍爲百萬消費者損失的百分之三三。次之，蒲魯東先生當他旣不認識社會的資本之利害關係，又不認識唯一個人的資本之利害關係，那末他怎樣可以正當地說，在百分之三三的損失情形中，社會的損失加到三千三百萬呢？那末，蒲魯東先生把資本與利率混合還不夠；他更進一步，把投入一種企業中資本與利益關係者的數目，混而爲一。

"實在，爲使事情更明白起見"，"假定"有一定的資本。百分之四〇〇的社會的利潤，照一百萬有關係的人分配，每人有一個佛郎的利害關係，則每人有四個佛郎的利益，而不是如蒲魯東先生所主張之一萬分之四。同樣，對於每個有關

哲 學 之 貧 困　　　　83

係的人百分之三三的損失，是三十三萬佛郎之社會的損失，並非三千三百萬（100：33＝＝1,000,000：330,000）。

蒲魯東先生固執他的"社會人"的學說。忘記以百除之，所以他受三十萬佛郎的損失；但是每人四個佛郎的利潤，對社會則有四百萬佛郎的利潤。社會留有三百六十七萬佛郎的純利。這種精確的計算恰好證明蒲魯東先生所欲證明者相反：即社會的利益與損失，決不是與個人的利益及損失成反比例的。

在糾正這些單純計算的錯誤以後，如果承認爲蒲魯東先生對於鐵道所指出之速度與資本的關係（至少是計算的錯誤），我們可以稍許看出所達到的結果。假定某種快四倍的運輸費用多四倍，則這種運輸比慢四倍的而花四分之一的費用的運貨車運輸少些利潤。所以假設運貨車取十八生丁，則鐵道取七十二生丁。照"數學的嚴密"計算，這是蒲魯東先生之假定的結果（依然至少是他的計算的錯誤）。但是現在他突然告訴我們，假設鐵道不取七十二生丁，只取二十五生丁，則鐵道卽沒有貨可運了。確實，仍然要用古代的馬車，壞的車子了。假若我們要給蒲魯東先生一種忠告，唯一是不要忘記，在他的"進步的社會之綱領"中用百之除法。但

84　價值的比例法則之應用

是，討厭呵！很難希望聽從我們的忠告，因爲蒲魯東先生爲醉此心於他的"進步的"計算以適應進步的機會，以至他誇大地表示："我已經在第二章，由價值的矛盾律之解決，使人知道有用的發現之利益，無論如何，對發明家比對社會是絕對地減少的；我關於這一點之證明已達到教學的嚴密！"

再談到"社會人"的擬議，這種擬議沒有別的目的，只是發現下面所所謂簡單的真理：卽以同一的勞動量生產更多量的商品之新發明，使生產品的購買價值低減云。於是社會得到利潤，並非得到更多的交換價值，而得到同一價值之更多的商品。至於發明家，競爭他的利潤漸漸減低到利潤之一般的水平綫。蒲魯東先生證明了他所欲造作之假定嗎？不。雖然如此，仍不能阻止他不非難經濟學家缺乏這種證明。爲給他證明不是如此，我們只引用李嘉圖與勞德達爾來證明；李嘉圖是以勞動時間決定價值之經濟學派的首領，勞德達爾是以供給與需要決定價值之最熱烈的擁護者之一。這兩個人都闡揚了同樣的問題。

因爲常常增加生產的便利，所以我們常常減少從前所生產的若干物品之價值，假定用這種同一的方法，我們不仍可以增加國民的財富，而且可以增加爲將來之生產能力…

…自從用機械的方法，或用我們的物理學的知識以來，我們強制自然的原動力製造從前人所製造的物品，結果這種物品的交換價值低落了。假說推一個磨麥機要十個人，如發明利用風或水，則這十個人的勞動可以節省；由磨麥機的運轉所生產之麥粉，從此以後，照已節省的勞動總量的比例而減低價值了；並且社會得這十個人所能生產之物品的價值而富裕，同時為維持勞動者之基本，並不因此有些微的減少"。（李嘉圖）

次之，在勞德達爾說：

資本的利潤，永遠是由於資本補足人類以他的手所當做的勞動之一部分而來的，或由於資本超越人的自身的努力而完成勞動之一部分，以及人的本身所不能執行的勞動之一部分而來的。大抵，機器所有者所得之微薄的利益，與機器所補足之勞動價格比較，或者對於這種意見的正確與否發生疑問。例如一個火力卽筒（Pompe à feu）汲取一座炭鑛的水，在一天內汲出三百人用桶子所不能挑出的水還多；並火力卽筒以很少的費用代替他們的勞動，這是毫無疑問的。一切機器的情形都是如此。用手所完成的勞動，用機器來代替人的手，則機器應當以更低的價格做這種工作……

86　　　價值的比例法則之應用

假定發一個執照給一個執行四人勞動的機器發明家：如同一種特許權，除開由工人的勞動所發生的競爭以外，排除一切的競爭，顯然在特許權繼續期間以內，這些工人的工資即是發明家為他生產品所當賦與定價格的尺度，即為保證業務起見，他要求比他的機器來代替的勞動之工資更少。但是到特許權滿期的時候，其他同類的機器發生了，並與他的機器競爭了。那末，因為機器的增加，於是要按照一般的原則來規定他的價格。使用資本的利益，縱令由補足的勞動發生的，終究不自由這種勞動價值來規定，而是與其他一切的情形一樣，由資本所有者之間的競爭來規定；而收益的程度如何，則常常由為這種工作所供給的資本之分量與做這種工作所需要的比例來決定的'。

總之，只要收益比在別的工業中更大，即有資本投入到新的工業中，以至資本的利率降低到一般的水平綫。

據剛才所說的看來，鐵道的實例對於"社會人"的擬制並沒有大明白表現了。然而，蒲魯東先生勇敢地宣述："這等明白之點除說明對於每個生產者勞動當留有剩餘以外，詩在再容易沒有了。

現在所說的是屬於古典的古代的事。這是一種詩的故事，為的使以前教學的證明之嚴密使讀者所發生的疲勞得以恢復，蒲魯東先生給"社會人"以普羅默德（Prométhée）的名字，即以下面的話表彰他的行為：

"開始，普羅默德從自然的胎中出生以來，即覺生命在為妖媚充滿的怠性中等等。普羅默德開始工作，並從他最初的那天起，第二創造之第一天，普羅默德的生產品，即他的財富，他的幸福，等於十。第二天，普羅默德即行分工，而他的生產品則等於百。第三天以及嗣後的每天，普羅默德發明機器，在物體中發現的效用，在自然中發現新的力量……他的工業每進一步，則他的生產之分量即增加，而表示幸福的擴大。結果，就他來說，消費即是生產，顯然只消費前日的生產品，每一天的消費，都為明日留有生產品的剩餘"。

蒲魯東先生所謂的普羅默德，在理論學上與在經濟學上同是一個虛弱的滑稽人物。儘管普羅默德只教訴我們分工，應用機器，利用自然力與科學的能力，同時增加人類的生產力而發生與孤獨的勞動所生產相比的剩餘，這位新的普羅默德只是不幸出現太晚了。但是自從普羅默德開始談到生產與消費，他實在是奇怪。他以為消費就是產；他明天消費前天所生產了東西，因此他常有預先的一日，這預先的

88	價值的比例法則之應用

一日就是"剩餘勞動"。但是因爲明天消費他前天所生產東西，所以必須在沒有前天之第一天，爲以後有預先的一日，他做了兩天的工作。除關於火的知識以外，還不曾有分工，機器，以及其他關於自然力的知識的時候，普羅默德第一天怎樣得到剩餘呢？如此，爲囘溯到"第二創造之第一天"，問題並沒有前進一步。這樣說明事物的方法是希臘式的，同時是希伯來式的，是神祕的，同時是寓意的，他完全給蒲魯東先生以說話的權利："我用理論與事實證明勞動當留有剩餘之原則"。

所謂事實，就是有名的進步的計算？所謂理論，就勞普羅默德的神話。

蒲魯東先生又說，"但是，這個與算術的命題同樣正確的原則，決不會爲一切人實現。每個人的勞動日因集體的工業的進步，得到逐漸增多的生產品，而且必然的結果，勞動者以同樣的工資而一天一天更富裕，於是社會中有得利的階級與衰落的階級存在了"。

一七〇七年，大不列顛聯合王國約人口有一千五百萬，而生產的人口有三百萬。科學的生產力約等於一千二百萬多的人口；總計起來，則有一千五百萬的生產力。那末，生產力與人口為一與一之比，而科學的能力與人體的能力為四與一之比。

一八四〇年，人口不曾超過三千萬：生產的人口是六百萬，而科學的能力增加到六億五千萬，即全人口為二一與一之比，而人體的能力為一〇八與一之比。

那末在英國社會中，七十年以內，勞動日得到百分之二，七〇〇生產力的剩餘即，在一八四〇年，一勞動日與一七七〇年一樣多之二十七倍。照蒲魯東先生的意見，必須提出這樣的問題：的甚么一八四〇年的英國工人比一七七〇年的工人富足二十七倍呢？為提出同樣的問題來，則必然要假定：縱令沒有生產了財富之歷史的條件，如資本之私人的蓄積，近代的分工，應用機械的工廠，無政府狀態的競爭，工錢制度，總之建立在階級對抗之上的一切事情，英國人能夠生產這些財富呢。但是為發展生產力與剩餘勞動起見，那些正是生存的條件。所以為得到生產力的發展與剩餘勞動，必須有得利的階級與其他零落的階級。

然則，蒲魯東先生使之復活的普羅默德，到底是甚麼東西呢？即是社會，即是建立在階級對抗之上的社會關係。這些關係，並非個人對個人的關係，而是工人對資本家，農

價值的比例法則之應用

民對地主等等的關係。如果抹殺這些關係，或消滅整個的社會，而你們的普羅默德再不只是無臂無腿的怪物，即是說沒有機械的工廠，沒有分工，總之缺少你們為使他得到這種剩餘勞動，最初給他之一切的束西。

所以，如果理論上，如蒲魯東先生所做的，充分以平等的意義解釋剩餘勞動的公式。而不注意到現在的生產條件，實際上，則可以把在工人中實行現在所取的一切財富之平等分配，而毫不變更現存的生產條件。這種分配不能給與每個當事人保證鉅大的福利。

但是，蒲魯東先生並不是與他人所信以為那樣厭世的。因為他以為均衡是包含一切的，必須要他在現存的普羅默德中，即在現在社會中，認識他的寵愛的思想的實現之端緒。

"但是財富的進步，即價值的均衡，處處都是支配的法則；而當經濟學家反對社會黨的控訴，公共財產之累進的增加，以及使最不幸的階級狀態之改善之時，他們毫不懷疑地把他們的理論之真理宣告失敗"。

其實，集體的財富，公共的財產是甚麼呢？即是資產階級的財富，並非各個資產階級的財富。好罷！經濟學家除開證明在現存的生產關係中，資產階級的財富如何發展以及如何增加以外，並不曾做別的事。至於工人階級，卽要知道他們的狀況如何跟着所謂公共財富的增加而改良，還是一個極費爭論的問題。假若經濟學家靠着他們的樂觀主義，引用從事於棉花工業的英國工人的例子，則他們只在商業繁盛的稀罕的時機來看他們的狀況。這種繁盛的時機，比之恐慌與停頓的時期，是三對十的"正比例"。但是，經濟學家說到改良的時候，爲使英國從事同樣的工業之百五十萬工人在十年中得到三年的繁盛，或者也想說到東印度必然滅亡的數百萬工人。

至於公共財富的增加之暫時的參與，這是另一問題。暫時參與的事實可以用經濟學家的理論說明。這種事實卽是對經濟學家的理論之確認，決不是如蒲魯東先生所謂之宣告失敗。如果有些事要宣告失敗，的確就是爲我們所指示的，所謂從全財富增加，使工人得到最低限度的工資之蒲魯東先生的體系。只是使工人得最低限度的工資，則他應用價值之正當的均衡，適用由勞動時間所"構成的價值"。這是因爲競爭的結果，工資動搖於工人給養之必要的生活品的價格之上下，工人至少可以參與集體的財富之發展，但是他亦

92	價值的比例法則之應用

可以因貧困而滅亡。這就是不成爲幻想之經濟學家的學說。

關於鐵路，普羅默德以及再建在構成價值之上的新社會經過長久的支離言語之後，蒲魯東先生深思熟慮，爲感情所牽動，而以父親一般的口吻說：

"我懇求經濟學家除去擾亂他們之偏見、不重視他們所從事或等待之事業，他們所連累之利害關係，並不重視他們所貪圖之選舉票以及他們的虛榮所哄騙之聲名，暫且靜心自問：他們說是否所謂勞動必留有剩餘之原則，以我們所提起之前提與結論的連鎖，至今都給他們明白表示了"。

第 二 章

經濟學的形而上學

第 一 節
方　　法

我們到德意志的內心來了！我們談到經濟學，同時將要談到形而上學。而且在這一點，我們也只有追隨在蒲魯東先生的"矛盾"後面。剛纔他迫得我們說英國話，迫得我們自己暫時做了英國人。現在場面改變了。蒲魯東先生把我們送回到我們親愛的祖國裏，不管我們如何，而強迫我們恢復德國人的資格。

假設英國人把人變成帽子，德國人便把帽子變成觀念。英國人就是李嘉圖，卽富裕的銀行家與卓絕的經濟學家。德國人就是黑智兒（Hegel），卽柏林大學之一哲學敎授。

96　　　　方　　　法

最後的專制君主並代表法蘭西王國的沒落之路易十五世(Louis XV)，結納法國第一個從經濟學家做他的侍醫。這位醫生，這位經濟學家，代表法國資產階級之迫切並確實的勝利。益斯奈(Quesnay)博士把經濟學作為一種科學；他在他的有名的經濟表中摘要說過。除開在這個表面上所表觀之無數的註釋以外，我們得有博士本身的書一種註釋。即是'經濟表的分拆'，附帶有'七種重要的注意'。

蒲魯東先生是第二個益斯奈博士。即是經濟學的形而上學的益斯奈。

然而，照黑智兒意思，形而上學；整個的哲學都歸納在方法中。所以我們必須設法把蒲魯東先生的方法弄明白他的方法至少是與經濟表一樣的晦澀。因此我們試舉七種多少重要的主意。假若蒲魯東博士不高興與我們所舉的注意，那末，他將如亞伯坡多(Abbe Baudeau)一般，自己提出經濟——形而上學的方法之說明"。

注意一

"我們決不按照時間的順序，而按照觀念的順序來製作部歷史。經濟的階級或範疇，在其實際的表現中，時而是同時代的，時而是顛倒的……經濟的理論依然有他的論理的連續與悟性中的系列：卽我們自詡以為發現的順序。"（蒲魯東原著第一卷一四六頁）

的確，蒲魯東先生想使法國人害怕，而置他們於準黑智兒的文章之前。所以我們要對付兩個人，首先是蒲魯東先生，次是黑智兒。蒲魯東先生怎樣比別的經濟學家不同呢？而黑智兒在蒲魯東先生經濟學中又占有甚麼作用呢？

經濟學家把資產階級的生產關係，分工，信用，貨幣等等作為固定的，不動的，永久的範疇。蒲魯東先生有這些極完成的範疇放在他的面前，他想給我們說明這些範疇，原則，法則，觀念，思想之形成的動作與發生的由來。

經濟學家給我們說明在某種關係中怎樣生產，而這些關係怎樣產生，卽發生這些關係之歷史的運動，他們却沒有給我們說明呢。蒲魯東先生把這些關係當作原則，範疇，抽象的思想，所以只要把那些按ＡＢＣ的次序排列在經濟學專書的末尾的思想加以順序而已。經濟學家的材料，卽是人類之現實的，活動的生活；蒲魯東先生的材料，卽是經濟學者的獨斷。但是旣經不追求生產關係之歷史的運動，而範疇只是這種歷史的運動之理論的表現；既經只想在這些範疇中考察實在的關係之自辯的，獨立的思想，觀念，那末，便不得不把純理性的運動當作這些思想的根源。純粹，求久，非個人的理性怎樣會產生這些思想呢？這種理性怎樣進行以產生這些思想呢？

假設論到黑智兒主義，我們有蒲魯東先生那樣的大膽，我們可以說：理性在自己本身中來區別自己。這是怎樣說呢？非個人的理性，因爲在他本身以外，既沒有他可以定立（Sposer）的地位，沒有他可以與之對立（S'oppser）的客體，又沒有他可以與之構成（Composer）的主體，所以好像不得不顛倒起來，而自己定立，自己對立並自己構成——這卽是地位（Po-sition），對立（Opposition）構成（Composition）用希臘語來說，這卽是正題（Thèse），反題（Antithèse）與總合（Synthèse）。至於尚未熟識黑智兒的術語的人，我們可以正式的公式告訴他們：肯定（Affirmation），否定（N'egation），否定的否定（Négation de la negation）。這就是方言的意義。確實這不是希伯來語（Hébreu），也不嫌惡蒲魯東先生；而是與個人分離，全然純理性的語調。如果以個人說話與思想之通常的方式代替通常的個人，則我們除開這種極純粹的通常的方式以外，沒有別的東西，沒有甚麼個人了。

因為有抽象而無分析，照極端的抽象，則一切事物都表現論理的範疇的狀態，這足使人驚駭嗎？如果把所有構成一座房子的個別性的東西漸漸去開，即把構成房子的材料及與這房子區別的東西之形式都抽象化，結果只剩下一個物體——如果把這物體的範圍抽象化，則只剩下一個空間——最後，如果把這空間的廣袤又抽象化，則只剩下極純粹的量，即論理的範疇，這應當驚駭嗎？那末就一切的對象，無論有生的或無生的，人或物，把一切所謂偶然的事物都抽象化，則我們有理由可以說，照極端的抽象化，可以把論理的範疇當作實體。於是形而上學者實行這種抽象化，同時想實行分析，並當他們漸漸離開對相象的時候，即想接近所見對象之點，這些形而上學者有理由可以說，世界的事物都是些刺繡，而論理的範疇即構成這種刺繡的底布。區別基督教徒與哲學家就在這一點。基督教徒不管論理如何，只有樂歌（Logos）之唯一的化身；哲學家終究沒有解決樂歌的化身呢。所有存在的事物，所有生活在地上與水內的東西，因為抽象化，都可以歸之於一種論理的範疇；用這種方法，使整個現實的世界可以沉溺在抽象的世界中，在論理範疇的世界中,這有誰驚駭呢？

所有存在的東西,所有生活在地上與水內的東西,都只是依着某一種運動而存在,而生活。那末,歷史的運動產生各種社會關係,工業上的運動給我們以工業的生產物等等,這都是一樣的道理。

因爲抽象化,我們把一切事物都變成論理的範疇,同樣爲使運動達到抽象的狀態,純粹形式的運動,即達到運動之純論理的公式,我們只有使各種運動之顯明的特質抽象化。如果在論理的範疇中找着一切事物的實體,則想在運動之論理的公式中,可以找着那種不僅說明一切事物而且包含事物的運動之"絕對的方法"。

試看黑智兒所謂之絕對的方法："方法是任何客體所不能抵抗之絕對,唯一,最高,無限的力量；這是在一切事物中自已認識自已之理性的傾向"。(論理學第三卷)如果一切能物變成一種論理的範疇,而一切運動,一切生產行爲能變成方法,那末,生產品與生產的全體,對象與運動的全體,自然都會變成一種應用的形而上學（Une m'etaphysique appliquée)了。黑智兒對於宗教,法律如此看待,蒲魯東先

哲學之貧困　　　101

生對於經濟學也想那麼樣辦。

然則，絕對的方法是甚麼呢？即運動的抽象化。甚麼是運動的抽象化呢？即運動變成抽象的狀態。甚麼是抽象狀態的運動呢？即是運動之純論理的公式，或純理性的運動。純理性的運動是如何構成的呢？即由自己定立，自己對立，自己構成，即如正題，反題，綜合而自己規定而成，換言之，即由自己肯定，自己否定，否定自己的否定而構成。

理性怎樣會自己肯定，自己建立一定的範疇呢？這是理性本身及其辯護者的事情。

但是，理性一旦達到自己建立成為正題的時候，則這種正題，這種思想，自己對立起來，分成兩種矛盾的思想，即肯定與否定，是與否。包含在反題中之兩種對立的要素之鬥爭，構成辯證法的運動。如果是變成否，否變成是，是同時變成是與否，否同時變成否與是，那末，於是兩種反對物相抵，平均，相殺了。這兩種矛盾的思想之融合構成一種新思想，而新的思想即矛盾的思想之綜合。這種新的思想又分成兩種矛盾的思想，而這兩種矛盾的思想又化成一種新的綜合。由這種創造的工作，產生思想的一羣。這羣思想的一羣遵循與簡單的範疇相同的辯證法的運動，而以矛盾的思想的一

| 102 | 方 | 法 |

羣爲反題。由這思想的二羣產生新的思想的一羣，而這新的思想卽前兩者之綜合。從單純的範疇之辯證法的運動發生羣，同樣羣之辯證法的運動發生系列，從系列之辯證法的運動發生全體系。

如果適用這種方法到經濟學的範疇上，而你可以得到經濟學的論理學與形而上學，換言之，你可以把大家所知道的經濟上的範疇，翻成一種不甚知道的語言，彷彿是新表現一種純理性在腦子裏；這種範疇似乎單由辯證法的運動的作用，互相發生，互相結合並且使這一種接合在那一種中。讀者並不因個種形而上學與其範疇，羣，系列及本系的基礎而驚駭。蒲魯東先生，縱令他費了大的氣力以攀登矛盾的體系之絕頂，絕不能超過單一的正題與反題之最初的兩個階段，並且他還只越過兩次，而這兩次中，有一次反跌落下來了。

直到現在，我們只說明了黑智兒的辯證法。以後我們將看見蒲魯東先生把黑智兒的辯證法墮落到最淺薄的程度了。那末，在黑智兒方面說，所有曾經發生與尚在發生的事物，恰好都是發生在他的本身的推論中。所以歷史的哲學無非是哲學的歷史，他自己特有的哲學的歷史，再沒有"按照

> 哲學之貧困　　　　103
>
> 時間的順序的歷史"，而只有"悟性中之觀念的連續"。他相信由思想的運動構成世界，而只是系統地去再建並照絕對的方法去排列存在各人頭腦中的思想而已。

注意二

經濟的範疇只是社會的生產關係之理論的表現與抽象化而已。眞正的哲學家蒲魯東先生把事物顚倒着，而在現實的關係中僅僅看見哲學家蒲魯東先生所謂睡在"人類之非個人的理性"中的原則與範疇之化身而已。

經濟學家蒲魯東先生很知道：人類是在一定的生產關係中製造毛織物，麻布，絲織物；但是他所不知道的，就是這些一定的社會關係與麻布，亞麻毛等等一樣，也是由人類生產出來的。社會關係都是與生產力密切聯結的。人類獲得新的生產力的時候，卽改變他們的生產方式，而生產方式卽獲得他們的生活資料的方法的改變時候，他們卽改變他們所有的社會關係。用手推的磨子產生了封建主的社會；用蒸汽機的磨子則產生了工業資本主義的社會。

按照各人的物質生產力而建立社會關係之同樣的人，

即產生按照各人的社會關係之原則，觀念與範疇。

所以這些觀念，這些範疇也是與他們所表現的關係一樣，不甚永久的。他們即是歷史的及一時的產物。

在生產力中有繼續增大的運動，社會關係中有繼續破壞的運動，觀念中有繼續形成的運動；所謂固定不動的東西，只是運動的抽象化——不死的死（Mors msmortalis）而已。

注意三

全社會的生產關係形成一個總體。蒲魯東先生以為經濟關係是彼此互相發生，如由正題產生反題一樣，由這一個發生那一個，以及在論理的連續中實現人類之非個人的理性之社會階段。

在這種方法中之唯一的困難，即是當審察這些階段之一個階段時，蒲魯東先生不用社會其他的關係，即由他的辯證法的運動所不能發生出來的關係，便不能把他說明了。次之，當蒲魯東先生由純理性說到其他的階段之創造的時候，他以為如同新生的孩子一般，他怎忘記那是與最初的階段同年齡的呢。

那末，爲達到他所認爲一切經濟進化的基礎之價值的構成，他不能漠視分工，競爭等等。然而，這些關係在系列中，在蒲魯東先生的悟性中，卽在論理的連續中，依然不存在呢。

一面以經濟學的範疇建立一種觀念的體系之組織，同時分解社會的體系之各部分。人們把社會的各部分變成一個一個相繼而來的別的社會。其實，運動，連續，時間之單獨的論理的公式怎樣才能說明社會的實體——即一切關係同時並存並互相支持之社會的實體呢？

注意四

現在，試看蒲魯東先生把黑智兒的辯證法應用到經濟學上時之變更。

在蒲魯東先生看來，一切經濟的範疇都有兩方面，一面是好，一面是壞。他對於這些範疇，猶如小資產階級對於歷史上的大人物一般：拿破崙（Napoléon）是一個偉大人物；他做了許多的好事，也做了許多的壞事。在蒲魯東先生看來，好的方面與壞的方面，利與害，合攏起來便形成每個經濟範疇中的矛盾。

所要解決的問題就是：保存好的方面而拚除壞的方面。

奴隸制度與別的範疇一樣，也是一種經濟的範疇。所以在他也有他的兩方面。把奴隸制度之壞的方面丟在一邊，而說到好的方面：一定只是論到直接的奴隸制度，即蘇里南(Surinam)，西巴(Baresie)北美洲南部各地方之黑奴制度而已。

直接的奴隸制度，與機器，信用等等一樣，同是資產階級的工業的樞紐。沒有奴隸制度則沒有近代的工業。殖民地的價值即是奴隸制度，構成世界貿易者即是殖民地，而世界貿易即是大工業的條件。因此奴隸制度是最重要的經濟的範疇。

如果沒有奴隸制度，則最進步的國家——北亞美利加那會變成族長制的國家。如果抹殺世界地圖上的北亞美利加，那會引起近代的商業與文明之無政府狀態，完全的衰落。如果要消滅奴隸制度，即會抹殺人類地圖上的亞美利加。

而且，因為奴隸制度是一種經濟的範疇，所以他常常存在於各國民的制度中。近代的國民只是把奴隸制度改裝應用在他們的本國中，在新大陸則公然施行奴隸制度了。

爲救濟奴隸制度起見，蒲魯東先生的意見怎樣呢？他會提出這樣的問題來：卽保存這經濟的範疇之好的方面而排除壞的方面。

蒲魯東沒有甚麼問題要提出來。他只有辯證法而已。蒲魯東先生只學得黑智兒的辯證法中之術語而已。他自己的辯證法的運動，就是好與壞之獨斷的區別罷了。

我們暫時卽拿蒲魯東先生本身當作範疇來看。我們試考查他的好與壞的方面，他的長處與短處。

如果他比蒲魯東有長處，卽他敢提出並要解決爲人類最大幸福的問題；另一方面，他有短處，卽當他要由辯證法的創造工作以產生新的範疇時候，他就慚覺到自己的淺薄。構成辯證法的運動的東西，就是互矛盾的兩方面之並存，這兩方面的鬥爭以及這兩方面融合成爲一種新的範疇。只提出排除壞的方面的問題出來，則辯證法的運動馬上就被我們切斷了。這並不是範疇因其本身之矛盾性質，自己定立及自己對立，而是蒲魯東先生在這範疇的兩方面之間，憤怒，焦躁，東奔西跑而已。

蒲魯東先生很難以合法的手段脫離如此陷入的絕路，只有實行跳躍，一跳就達到一種新的範疇中。於是悟性中的

| 108 | 方 | 法 |

系列卽展開在他的驚異的眼中。

他選擇首先達到的範疇，而特別給他以救濟應刪除的範疇的弊害之特質。因此照蒲魯東先生的意思，租稅卽救濟壟斷的弊害，交易的平衡救濟租稅的弊害；土地信用卽救濟信任的弊害。

如果這樣繼續一個一個選擇經濟的範疇，並把這個經濟範疇作爲那個經濟範疇的解毒劑，那蒲魯縛先生可以用這矛盾與對範疇的解毒劑之混合物做成兩本矛盾的書，而叫這兩本書以正確的名稱：經濟的矛盾之體系。

注意五

"在絕對的理性中，凡屬這種觀念……都是簡單而普遍的。……其實我們只有用我們的觀念之一種基礎才能達到科學。但是眞理本身是離他的辯證法的形相而獨立，而被我們的精神的結合解放的"。（蒲魯東原著第二卷九七頁）

在此處，由我們現在才知道其中祕密的一種急變，經濟學的形而上學忽然變成了一種幻想！蒲魯東先生從沒有說過更眞實的話。的確，辯證法的運動方法一旦變成這樣單純的方法時，——即使好與壞對立，提出為排除壞的問題，并給這種範疇做別種範疇的解毒劑之單純的方法——則範疇再沒有自發性；觀念"再不發生作用"，而失掉自己內部的生命，觀念旣不能定立又不能分解成為範疇了。範疇的連續變成一種基礎了。辯證法再不是絕對理性的運動，於是再沒有辯證法，至多只有極純粹的道德罷。

當蒲魯東先生談論悟性中的系列，範疇之論理的連續時，他積極地宣言，他不願意發表按照時間的順序之歷史——照蒲魯東先生的意見，即範疇所表現之歷史的連續。即在他看來，一切都是發生於理性的純以太（ether）中。一切都是用辯證法由這種以太中發生出來的。現在要實際應用這種辯證法的時候，理性却不服從他了。蒲魯東先生辯證法違反了黑智兒的辯證法的約束，所以蒲魯東先生以至於說，我所指的經濟的範疇之順序早已不是經濟的範疇彼此發生之順序。經濟的進化早已不是理性本身的進化了。

蒲魯東先生所指示我們的是甚麼呢？現實的歷史，照蒲魯東先生的悟性，即是範疇所表現在時間的順序中之連續嗎？不是。歷史如在觀念本分中所發生出來嗎？更不是。那末，旣非範疇之世俗的歷史又非神怪的歷史！畢竟他指示我們甚麼歷史呢？卽他本身的矛盾之歷史。試看他本身的矛盾如何進行以及如何使蒲魯東先生繼續這種矛盾罷。

在說到重要的注意六所引起的考查以前，我們還有一種重要的注意要加以說明。

我們照着蒲魯東先生假定：現實的歷史卽按時間的順序的歷史，乃是觀念，範疇，原則所表現之歷史的連續。

各原則都有其所表現的世紀：比如強權的原則表現于十一世紀，個人主義的原則表現于十八世紀。所以，這是世紀屬於原則，幷非原則屬於世紀了。換言之，就是原則造成歷史，而非歷史造成原則呢。次之，爲救濟原則與歷史雙方起見，如果問爲甚麽這樣的原則與其表現在別的世紀，當可表現在十一或十八世紀中，則必然不得不精細考查十一世紀的人是怎樣，十八世紀的人是怎樣，他們各自的需要，他們的生產力，他們的生產方式，他們的生產原料是怎樣，畢竟由這些生存條件所發生之人與人的關係是怎樣。如果深究這些問題，豈不是造成各世紀中人之現實的，世俗的歷史，同時幷描寫這些人如同他們本身的戲劇之著作者兼表演者嗎？但是旣經描寫這些人如同他們本身的歷史之著作者兼表演者，稍爲轉變，卽可達到眞實的出發點，因爲放棄了首先所說之永久的原則呢。

蒲魯東先生仍然沒有充分走上空想家爲達到歷史的大道所取之捷徑。

注意六

我們跟著蒲魯東先生走入捷徑罷！

我們也願意那些被視爲不動的法則，永久的原則，觀念的範疇的經濟關係，是先積極的幷活動的人類而存在的；我們更願意這些法則，這些原則，這些範疇，自古以來即潛伏"在人類之非人格的理性中"。我們早已知道，在這些不動且不變的永遠性事物之下，是不會發生歷史的；至多祇有在觀念中的歷史，卽在純理性的辯證法運動中所反映出來的歷史。蒲魯東先生以爲在辯證法的運動中，觀念是沒有區別的，這樣他就取消了運動的陰影和陰影的運動——這些東西，人們還可以拿來構成歷史的幻象。他還不這樣做，他反將他本身者能歸咎於歷史，他埋怨一切，連法文也埋怨。哲學家蒲魯東先生說："如果說，某事發生，某物產出，這是不恰切的：在文明中，如在宇宙中一樣，自古以來，一切存在

着，一切活動着。整個的社會經濟也是如此"。（第二卷一〇二頁）

　　發生作用的，幷使蒲魯東先生發生作用的，乃是矛盾性的生產力——蒲魯東先生想解釋歷史，但他不得不否認歷史，想解釋社會關係，連續的發生，但他又否認某事可以發生，想解釋生產及其一切階段，但他又否認某物可以產出。

　　這樣，照蒲魯東先生看來，沒有甚麼歷史，沒有甚麼觀念的連續，然而他的書永久存在；照他本來的表示，這本書正是觀念的連續之歷史。怎樣尋求一種公式——因為蒲魯東先生是講公式的人——幫助他一躍可以超過他的一切矛盾呢？

　　因此他發明了一種新的理性，旣非在各世紀中積極而且活動的人之純潔，純粹而絕對的理性，又非共通的理性，但是完全獨特的理性，卽社會人，主體的人類之理性，在蒲魯東先生的筆下，有時好像社會的天才，一般的理性，最後好像人類的理性。然而這種帶有許許多多名稱的理性，常常敎人認爲蒲魯東先生個人的理性，與有他的好與壞的方面，他的解毒劑與他的問題。

　　"人類的理性不會創造眞理，而隱藏在永久，絕對的理性之深微中。他只能表現眞理。但是至今他所表現了的眞理都是不完全的，不充分的，因之是矛盾的。那末，經濟的範疇，因爲他本身即是由人類的理性，社會的天才所發現，所顯示的眞理，所以亦是不完全的并包含着矛盾的。在蒲魯東先生以前，社會的天才只看見二者同時隱藏在絕對的理性中之對抗的要素，并非綜合的公式。經濟關係只是使地球上實現不充分的眞理，不完全的範疇，矛盾的概念，所以在他本身是矛盾的，大表現兩方面，即一方面是好，另方面是壞。

爲發現完全的眞理，充分豐富的概念，以及否定經濟之綜合的公式，那就是社會的天才的問題。也可以看出，爲甚麼在蒲魯東先生的幻想中，所謂社會的天才由這一範疇擴張到另一範疇，尙不至於以範疇的戰爭而奪取上帝，絕對的理性，一種綜合的公式呢。

"首先，社會（社會的天才）定立一件基本的事實，發生一種假定……眞實的矛盾律（Antinomie），而矛盾律之對立的結果，如在精神內部所能演繹的結果一般，發展在社會的經濟中；以致按照整個觀念的演繹，產業的運動分成兩方面，一方面是有用的效果，另一方面是破壞的結果。爲要調和地構成有兩重相貌的原則并解決這種矛盾律起見，社會使之發生第二個原則，而第三個原則卽隨之而起，這是社會的天才的進行之結果，以至於刷盡他的矛盾以後——我假定在人類中的矛盾有一種止境，但這沒有證明的——他一躍卽囘到他以前的位置而只有一種公式解決一切的問題"。（第一卷一三五頁）

　　如從前反題變成解毒劑一樣，現在正題變成假定。這樣語句的變換，出之於蒲魯東先生，是不是使我們驚駭的。人類的理性只是純粹的，因爲只有不完全的觀察，所以每一步都遇着新的問題要待解決。人類理性在絕對的理性中所發現的新的正題，旣爲第一個正題的否定，對於他就成爲一種綜合，而爲他很樸質地接受來認爲是常前的問題之解決。因此這種理性就陷入於日新不已的矛盾中，一直到矛盾的極端時，才感覺所有他的正題與綜合只是一些矛盾的假定而已。在他的走頭無路時候，"人類的理性，社會的天才，一躍卽可超越所有他以前的地位之上，并在一個唯一的公式中，就解決他的一切問題"。我們附帶說一句：這個唯一的公式構成蒲魯東先生之眞正的發明。這就是構成價值。

　　凡人爲任何一種目的都可做些假定。由蒲魯東先生的口所說之社會的天才。第一提出來的目的,即是排除在每個經濟的範疇中之壞的部分,而保存好的部分。他以爲好的,最上的幸福,眞正實際的目的就是平等。然則,爲甚麼社會的天才與其提出不平等,博愛,天主敎(Catholicisme),或其他一切的原則,寧可提出平等呢？因爲"人類只爲一種最高的假定而繼續地實現了許許多特別的假定",所謂最高的假定正是平等。換句話說:因爲平等是蒲魯東先生的理想。他以爲分工,信用,工廠,一切經濟關係都只是爲平等的利益而發明的,然而這些結果都是囘轉來反對平等的:因爲歷史與蒲魯東先生的假定步步都自相矛盾,所以最後的結論就是矛盾。如果有矛盾,則他即存在于他的固定的思想與現實的運動之間。

從此所謂一種經濟關係之好的方面,即是肯定平等的方面;壞的方面,即是否認平等而肯定不平等的方面。凡新的範疇是社會的天才之假定,而排除由以前的假定所發生的不平等。總而言之,平等是社會的天才旋轉在經濟的矛盾之圈套中而永久表現在目前之本來的企圖,神祕的傾向,神智的目的。神(La providence)是使蒲魯東先生之經濟學上的全著迹,比他的純粹而輕淸的理性更好進行之火車頭。他

116　　　　方　　　法

把接續租稅章之一章的全部都奉之於神了。

神，神智的目的，這是現在用以說明歷史的進行之壯語。其實這種話并沒有說明甚麼東西，至多只是一種浮誇的形式，如同詳細解釋事實之一種方法一般。

在蘇格蘭，地產確實因英國工業的發展而獲得新的價值。這種工業為羊毛開闢了新的銷路。為要生產大批羊毛，必須將耕地變作牧場。為要完成這種改變，必須集中地產。為要集中地產，必須廢除小耕作地，驅逐數萬佃戶離開他們的故鄉，而以監視數百萬羊之幾個牧羊者代替他們的位置。如是，繼續的改變，結果使蘇格蘭的地產用羊將人驅逐出去。現在你若說：神意在蘇格蘭造成土地私產制之目的是如若要教羊驅逐人，那麼你真的就造成了神意的歷史了。

固然，平等的傾向是屬於現世紀的。現在如果說：具有完全不同的需要以及生產方法等之過去諸世紀，是按照神意從事於實現平等的工作，那麼，首先就是以現世紀的人與方法代替前世紀的人與方法，而錯認了後代乃是改變由前代所得到的結果——這是歷史的運動。經濟學家都很知道：同樣的物品對於這一種人算是製造過的材料，而對於另一種人則只可算新的生產之原料而已。

跟蒲鲁東先生一樣，你試假定社會的天才製造出封建諸侯，其神的目的是在將佃戶變成負責的與平等的勞動者；那麽，你就是代替了這種神意的目的與人物，——這種神意，在蘇格蘭造成土地私產制，很狡猾地使羊驅逐了人。

但是，蒲鲁東先生既然對神意有很大的興趣，我們就請他去看威羅諾夫—巴爾介曼（Villeneuve-Bargement）的經濟學史，這位先生，也在神意的目的後面追逐的。這個目的絕不是平等，而是天主教。

注意七，卽最後的注意。

經濟學家有一種奇妙的方法。他們以爲只有兩種制度：人爲的制度與自然的制度。封建制度是人爲的制度，而資產階級的制度是自然的制度。在這一點，他們好像建立兩種宗教的神學家。不屬於他們的宗教之宗教是人類之一種發明，而他們本身的宗教是上帝的啓示。因以爲現存的關係——資產階級的生產關係——是自然的，所以經濟學家告訴我們，那就是按照自然的法則生產財富幷發展生產力之關係。因此，這無關係本身就是與時間的影響無關係的自然的法

113	方　　法

則。常常支配社會的就是永久的法則。那末曾經有歷史存在，現在却再沒有了。曾經有歷史，因為有封建制度，幷在封建制度中發現與經濟學家所欲認為自然的而且永久的之資產階級社會的生產關係完全不同的生產關係。

　　封建制度也有他的無產階級——農奴，即包含了資產階級之一切萌芽的農奴。封建的生產也有兩種對抗的要素，同樣可以稱之爲封建制度之好的方面與壞的方面，而不管常是壞的方面勝過好的方面呢。產生為構成歷史而引起鬥爭的運動者即是壞的方面。假使當封建統治的時期，經濟學家如騎士的德行，權利與義務間之完滿的調和，城市的族長生活，鄕村之家庭工業的繁盛狀況，由同業組合（Corporotion），職工組合（Jurande），行束等所組織的工業的發展，總之由構成封建制度之好的方面之一切的東西所興奮，而欲擺除這副圖畫上所表現的黑暗方面——農奴制度，特權制度，無政府狀態等——之一切的東西，結果是怎麼樣呢？或可以消滅構成鬥爭的一切要素，幷消滅尙在萌芽中之資產階級的發展罷。可說是提出抹殺歷史之錯謬的問題了。

　　當資產階級占了勝利的時候，則封建制度之好或壞的方面都不成問題了。由資產階級在封建制度之下所發展了的生產力,已爲他本身所得了。凡屬舊的經濟的形式,適應這種形式之人民的關係,成爲舊的人民社會之正式的表現之政治狀況,都被破壞了。

因此,如好好判斷封建的生產起見,必須把他當作建立在對抗之上之一種生產方式來考察。必須指出財富在這樣對抗中如何產生,生產力與階級對抗如何同時發展,階級的一方面,壞的方面,即社會的弊病,如何日見擴大以至於他的解放之物質條件達到成熟之點。這不就是説,**生產方式,生產力所發展之關係,決不是永久的法則,而是合乎人及其生產力之一定的發展**,并且在人的生產力中所發生的變化,必然引起在他們生產關係中的變化嗎?第一要緊的,在不使人奪去文明的結果,即已獲得生產力,同時必須破壞生產這種生產力之傳統的形式。自此以後,革命的階級便成爲保守的階級。

資產階級與無產階級同時發生,而無產階級也是封建時代的無產階級之一種殘餘。資產階級在他的發展的過程中,必然發展他的對抗的性質,開始多少是隱蔽的,僅於潛在的狀態的。**當資產階級發展時,在他的胎内即發展一個新無產階級,即近代的無產階級**;在無產階級與資產階級間發

方　　　法

展一種鬥爭，而這種鬥爭，在為雙方所感覺認識，估量，了解，承認幷公然宣布以前，只由部分的與暫時的衝突，破壞的事實豫先表現出來。另一方面，如果近代資產階級的一切分子對於別一個階級形成一個階級，則他們有同樣的利害關係，如果他們處於與別一個階級對立的階級，則他們有互相反對，互相對抗的利害關係。這種利害關係的對立，由他們資產階級的生活之經濟條件所發生的。於是一天一天更加明顯，資產階級活動其中之生產關係，幷非一種單一的性質、而是一種重複的性質；在生產財富之同一的關係中也產生了貧困；在發展生產力之同一的關係中有一種壓制的生產力；這些關係只是繼續消滅資產階級之全體分子的財富幷產生日見成長的無產階級，方能生產有資者的財富，即資產階級的財富。

對抗的性質愈見明顯，則經濟學家即資產階級的生產之科學上的代表，與他們原來的理論愈相衝突而形成各種不同的學派。

現在有一班宿命論的經濟學家，在他們的理論中漠視他們所謂資產階級的生產之弊害，與資產階級本身在實際中漠視幫他們取得財富之無產階級的病苦一樣。在宿命論的學派中有古典派與浪漫派。古典派如亞丹斯密,李嘉圖則代表資產階級,而資產階級一面還與封建社會的殘餘鬥爭,同時只是竭力剷除經濟關係之封建的遺跡,增加生產力,給工商業以一種新的動力。無產階級參加這種鬥爭,專心於這種狂熱的努力,只有一時的,偶然的痛苦,而且他們自已把這種痛苦視為一時的,偶然的呢。經濟學家如亞丹斯密與李嘉圖,都是這時代的歷史家,他們除開指明如何在資產階級的生產關係中獲得財富,如何規定這些關係成為法則,成為範疇,幷證明這些法則,這些範疇對於財富的生產如何優於封建社會的法則與範疇以外,沒有其他的使命。在他們看來,貧困只是在自然與在經濟中一樣,伴着人的出生而發生的痛苦。

浪漫派正當我們的時代,卽資產階級與無產階級處於直接對立的時代:貧困與財富達到同樣廣大的時代。當時一班經濟學家都裝作朽敗的宿命論者,從他們的高高的地位上,傲然貌視製造財富之機械的人呢。他們抄襲他們的前輩所闡發的議論,而他們前輩中之朴實淡泊,在他們則變成豔裝嬌態了。

次之說到人道派,他們則注意現在的生產關係之壞的方面。他們為敷衍了事，極力掩蓋實在的反對；他們誠實地痛惜無產階級的窮困，資產階級相互間之放縱的競爭；他們忠告工人要節省些，好好工作并少生些小孩，他們勸告資產階級在生產中加以充分的熱心。凡屬這派的理論都立足在理論與實際，原則與結果，理想與應用，內容與形式，本質與現實，權利與事實，好的方面與壞的方面間之永久區別之上。

　　慈善派乃已完成的人道派。他們否認對抗之必然性；他們想使一切的人變成資產階級；他們以為理論與實際有區別并且理論不含有對抗性，而想實現理論呢。自然無須乎說，在理論上，容易把實際中所時常遇見的矛盾使之抽象化。那末這種理論變成理想化的現實了。所以慈善主義者想保守表明資產階級的關係之範疇，而除去構成資產階級的關係并與之不可分離之對象。他們妄想嚴重地攻擊資產階級的實際，并且他們比別的人更資產階級化些。

　　猶如經濟學家是資產階級之科學的代表一般，同樣社會主義者與共產主義者即是無產階級的理論家。當無產階級還沒有十分發展而構成階級，因之無產階級與資產階級的鬥爭還沒有一種政治的性質，生產力還沒有在資產階級本身的胎中十分的發展而可以隊先看出為無產階級的解放與一個新的社會的形式所必要的物質條件時，這些理論家只是為保護被壓迫階級的需要起見，即時理出系統并追求一種革新的科學之空想家而已。但是隨着歷史進行而無產階級的鬬爭表現更明白的時候，他們再不需要在他們的精神內尋求科學，他們只要說明在他們眼前所發生的事實并自任為其代表者而已。當他們尋求科學而只造成系統的時候，當處於鬬爭開始的時候，他們只在貧困中看見貧困，而沒有看見推翻舊社會之破壞的，革命的方面。從此以後，由歷史的運動所產生的，并與之結合成為充分的知識的原因的科學，已經不是教訓的，而成為革命的了。

再說到蒲魯東先生。

各種關係都有好的與壞的方面：這是蒲魯東先生唯一沒有否認之一點。好的方面，他知道由經濟學家發揮了的；壞的方面，他知道由社會主義者宣布了的。他從經濟學家剽竊得永久關係之必然性，他從社會主義者學得了在貧困中只看出貧困之幻想。他與這兩方面的人是一致的，都想取決於科學的權威。對于他，科學只變成一種淺薄的科學公式。這樣蒲魯東先生就自謝能批評經濟學又能批評共產主義：

其實他這兩方面都趕不上。他趕不上經濟學家,因為他是一個哲學家,他手上拿着一個魔術的公式,他以為就可以用不着去研究純粹經濟的詳細事實。他不上社會主義者,因為他既沒有充分的勇氣,又沒有充分的眼光以超越於——甚至只是在純理論上——資產階級的水平線之上。

他想成的綜合,其實是錯誤的總和。

他想以科學家的資格駕乎資產階級與無產階級之上;可是他只是常常搖動於資本與勞動,經濟學與共產主義之間之小資產階級而已。

第 二 節
分 工 與 機 器

照蒲魯東先生的意思，分工開始經濟進化的體系：

分工之好的方面 { "考察分工的本質，分工乃按以實現地位與智能的平等之方式"。(第一卷九三頁)

分工之壞的方面 { "分工給我們變成一種貧困的工具"。(第一卷九九頁)
勞動按照他所特有及爲增加他的生產第一個條件之法則而分工，結果至於否定他的目的而自己破壞自己了"。(第一卷九四頁)

分工與機器

| 126 | 分　工　與　機　器 |

要解決的問題 ｛ "發現消除分工的弊病而保守他的有用的結果"。(第一卷九七頁)

照蒲魯東先生的意見，分工是一個永久的法則，一個簡單而抽象的範疇。所以他必要用抽象，觀念，詞句使他足以說明在歷史上各時代之分工。階級（Caste），組合，工廠手工業，大工業等只須用分工（division）這句話來說明。首先應當好好研究分工的意義，并不必研究所賦與每時代的分工之一定的性質之許許多多的影響。

的確，如果把事物都變爲蒲魯東先生的範疇，則事物都變成太簡單的了。可是歷史也不是照着範疇進行的。在法國，爲建立最初的大規模分工，使農村與城市分離，必須經過三世紀。當市城對農村之唯一的關係有所變化時，則社會全體都變化了。如果只注意分工的一方面，則可看古代的共和國或基督敎的封建制度；古代的英國有他的巴倫（Barons），或者近代的英國有他的棉業大王（Cotton-lords）。在十四五世紀，當時還沒有殖民地，美洲尚未爲歐洲而存在，亞洲只隔君士坦丁堡而存在，地中海乃商業活動的中心，那末分工有另一種形式，另一種外觀，與十七世紀時，當西班牙人，葡萄牙人，英國人，法國人，在世界各處建立有殖民地的時候完全不同。市場的範圍，形狀影響各時代的分工之形狀，性質而難以分工這一句話，觀念，範疇等演釋出來的。

蒲魯東先生說："自亞丹斯密以來，一切經濟學家都指出了分工法則的利弊，而多數以為利多於弊，因為如此更合於他們的樂觀主義，并沒有一個人反問一種法則的弊病可以存在與否……如何同一的原則，嚴密追究他的影響，便達到正相反對的結果呢？無論在亞丹斯密的前後，沒有一個經濟學家自己知道有一個問題要解決。瑟伊承認在分工中產生幸福之同一的原因會發生禍害"。

亞丹斯密斯蒲魯東先生所想的更為深遠。他極了解"實際上在個人間之天才的差別，比我們所相信的更是很小，當人達到成年的時候似乎區別各種職業的人之各種不同的意向并不是分工的原因與結果"。在原則上講，一個挑夫與一個哲學家，比之一隻守門狗與一隻獵犬！是很少差別的。使他們彼此之間造成一個深淵者就是分工。雖然如此，蒲魯東先生在別處却說，亞丹斯密并不懷疑分工所發生的弊病。他又說，瑟伊是第一個承認"分工中產生幸福之同一的原因會發生禍害的"。

分 工 與 機 器

但是請聽聽勒門德（Lemontey）所著各取自已的份兒（Suumcuique）書中的話：

"瑟伊先生使我很有光榮，在他的卓絕的經濟學概論中，採取了我在分工之精神的影響這一段落中所公布的原則。我的書的略帶玩笑口吻的題目，的確沒有允許他引用我的名字。我只為這種動機，才保持着沈默，這是本身內容太豐富的著作者，不屑過問些微的剽竊所取之態度"。（一八四〇年巴黎出版之勒門德全集第一卷二四五頁）

持平而論：勒門德靈敏地說明了現在所建立之分工的不平的結果，蒲魯東先生幷沒有添加甚麼東西。但是因為由於蒲魯東先生的錯誤，我們一旦牽涉到誰當居先的問題，大約可以說，在勒門德先生以前許久的時候，幷在費居孫（A. Ferguson）的學生——亞丹斯密以前十七年，費居孫卽在一章專門討論分工的文章中明白提出這件事情了。

"一國民之一般的能力是否按照技術進步的比例而增加，尚屬疑問。當技術完全缺乏理性與感情的幫助時，好些機械的技術却完全成功了，而無知是迷信之母，同樣是工業之母。反省與想像都易於引入迷途；但是運動手足的習慣，與這兩者都不相干。那末可以說，論到製造廠的完成在乎可以節省精神，以致不使用腦筋，而工場可以視爲各部分由人構成的機器……將軍對於戰術很熟練，而兵士的功績限於執行手足之簡單的運動。這方面可以得到別方面之所失者……當一切都是分離的時期，思想的技術，自己可以形成一種獨特的職業"。（一七八三年巴黎刊行費居孫之關係市民社會的歷史之論文）

爲結束文獻上的瀏覽起見，我們正式否認："一切經濟學家主張分工的利益者比主張分工的弊病者更多得多"。可以舉西斯門狄爲例罷。

那末，對於分工的利益，蒲魯東先生除開多少鋪張地解釋大家所知道一般的文句以外，甚公事也沒有做。

現在請看他如何從視爲一般的法則，範疇，思想之分工，抽出其中的弊病。怎樣至於這種範疇，這種法則包含勞動之不平等的分配而妨害蒲魯東先生之平等主義的組織呢？

"當此分工盛行的時候，暴烈的風開始吹在人類的身上。進步對於大衆幷沒有達到平等劃一；……他首先數的特權者所佔有…… 很久以來，使人相信境遇之自然的與天命的不平等發生等級（Castes）幷按照等級構成一切社會的，

130　　　分　工　與　機　器

即是進步方面的私心"。(蒲魯東,第一卷九七頁)

分工造成了等級(Castes)。然則,等級卽是分工的弊病;所以發生弊病者卽是分工的緣故。人們想更進一步,幷問甚麼東西使分工造成等級,階級制度的特權者呢?蒲魯東先生將告訴你們:卽是進步。幷問甚麼東西促成進步呢?卽是限制。在蒲魯東先生看來,限制卽是進步方面的私心。

繼哲學之後有歷史。這再不是記述的歷史,又不是辯證法的歷史,而是比較的歷史。蒲魯東先生把現在的印刷工人與中古時代的印刷工人,克魯估(Creuset)的工人與農村的踏鐵工人,現代的文學家與中古時代的文學家做一種比較,而舉起多少屬於中古時代所創造或傳授的分工者方面之天秤。他把這個歷史時代的分工與別個歷史時代的分工對立。這是蒲魯東先生所要證明的嗎?不是。他應當給們指出一般的分工以及當作給範疇的分工之弊病。因在後面還卽看見蒲魯東先生自己正式取消此等所謂引申的說明,那又何必固執他的著作的這部分呢?

蒲魯東先生又說:"零碎的勞動之第一的結果,在精神衰敗以後,卽是按照所消費的智能量的反比例而增加的勞動時間之延長……但是因爲勞動時間的限度，每日不能超過十六至十八小時，所以報酬不能做照時間的時候，則依照價格，而工資卽會減少。……所謂的確而特爲我們要注意的事，卽是一般的意識不把監工與學徒的工作置之於同樣的價值。那末，依照勞動日的價格必然要減少：結果，勞動者旣在精神上爲墮落的作用所苦，而因在肉體上也不能不因報酬的微末而受打擊。

我們跑到康德（Kant）所稱爲反論理之三段論法之論理的價值問題上面來了。

他的內容如此：

分工使工人陷於一種墮落的動作；一種衰敗的精神卽反映這種墮落的動作；精神的衰敗卽引起工資之日見加速的縮減。而爲證明工資的縮減卽由於已衰敗的精神起見，蒲魯東先生受意識的支配，所以說一般的意識所要求的就是如此。豈是蒲魯東先生的精神卽算在一般的意識以內嗎？

蒲魯東先生以爲機器是"分工之論理的反題"，而他用辯證法開始把機器轉化爲工廠。

假定有近代的工廠，使分工發生貧困以後，蒲魯東先生以爲旣有工廠，幷可以工廠視爲貧困之辯證法的否定，所以

132　　　分　工　與　機　器

他假定有由分工所發生的貧困。旣經以墮落的動作在精神上打擊勞動者，又以工資的微薄在肉體上打擊他；旣經使工人陷於監工之附屬的地位，又使他的勞動降到學徒的工作，然後他又以使勞動者墮落而"給他以主人"之罪歸之於工廠與機器。幷且他使勞動者"由職工的地位降到粗工的地位"，以至於完全的墮落。多好的辯正法呵！試問他還是那樣堅持與否，不然，他必要有分工之新的歷史，再不是爲由分工發生矛盾，而是爲照他的方法建立工廠。爲達到這種目的起見，他必要忘記他剛才對於分工所說的話。

　　勞動組織起來，按照其所使用的工具而以另一種方式來分工，建立在手工磨機上的分工，自然與建立在蒸汽磨機上的分工不同。所以如果想先由一般的分工開始，然後說到特別的生產工具——卽機器——之分工，這是與歷史正相衝突的。

　　拉犂的牛不會是一種經濟的範疇，機器更不是一種經濟的範疇。機器只是一種生產力而已。應用機器之近代的工廠，是一種社會的生產關係，一種經濟的範疇。

　　現在試看蒲魯東先生著名的想像中事實如何。

　　"在社會上，機器之不斷的出現是勞動的反題，卽反對的公式：卽是反對零碎的幷殺人勞動之工業的特長的抗議。實在一部機器是甚麼呢？卽是聯合因分工所分離的勞動的各部分之一種手段。全機器可以稱爲各種動作的總和……所以有機器卽有勞動者的復興……機器，一面在經濟學中與分工對立，同時在人類精神中與分工對立，卽表現綜合……分工只是分離勞動的各部分，而使每人委身於其所最合意的專門工作：工廠按照全體各部分的關係而集合勞動者。……他在勞動中採用強權的原則……但是這不是全部：在使勞動者墮落而給他以主人以後，機器與工廠使他完全墮落，而使他由職工的地位降到粗工的地位……現在我們所經過的時代，卽機器的時代，有一種特徵可以區別，卽是工錢制度。工錢制度是發生於分工與交換以後的"。

對蒲魯東先生有一種簡單的觀察。所謂分離勞動的各部分而使各人有委身於專門工作之能力者，蒲魯東先生以爲世界開闢以來就存在的，其實只是在競爭制度之下，存在於近代的工業中。

次之，蒲魯東先生爲證明工廠發生於分工以及工錢制度發生於工廠起見，他給我們造成一部饒有趣味的譜系"。

一　他假定有一個人，這個人卽已"注意如果把生產分成各部分,幷使各別的工人去實行生產",則可以增加生產力。

二　這個人了解這種思想的路線,于是說,如果形成一種爲適合于自己所企圖之特殊目的之勞動者的永久的集團,則可以得到一種更能持久的生產。

三　這個人向別的人有一個建議,教他們了解他的思想以及他的思想的路線。

四　這個人,當工業創始的時候,卽站在相互平等的地位,以變成較落後的朋輩待遇他的工人。

五　"其實很明顯的,這種原始的平等,必因主人之有利的地位與工錢勞動者的附屬地位而迅速消滅"。

這也是蒲魯東先生的歷史的,敍述的方法之一個標本。

果然在分工以後,機器或工廠輸入了"強權的原則"到社會中與否;果然一方面使工人恢復權利,另一方面則使之服從強權與否;果然機器是已分開的勞動之重新組合,卽與"分權"對立的勞動的"綜合"與否,現在可以在歷史的與經濟的觀點之下來檢查檢查。

整個社會與一個工廠的內部有共同之點,因爲他也有他的分工呢。假設拿一個近代的工廠中之分工做模範,以之應用於整個的社會，則為生產財富而組織最好的社會，的確這是只有一個經營者做首領，而按照預先所決定的規則分配工作給共同社會的各分子之社會。可是事實不是如此。在近代的工廠內部的分工，都是由企業家的權力所精密規定的，但是近代的社會為分配勞動，除自由競爭以外沒有甚麼規則與權力。

在族長制度之下，等級（Castes）制度之下，又封建的與同業的制度之下，整個的社會中有按照一定的規則之分工。這些規則是由一種立法者制定的嗎？不是，這些規則，最初是由物質生產的條件所產生的，直到最後才編成法律。于是這樣分工之各種形式都變成社會的基礎。至於工廠中的分工，在一切社會的形式中是很少發展的。

并且我們可以確定如下之一般的原則，即權力支配社會內部的分工愈少，則在工廠內部的分工愈發展，而且愈服從於一人的權力。那末，支配工廠的權力與支配社會的權力，就分工來比較，恰好兩者是成反比例的。

現在很重要的，是要知道工廠——在工廠裏面，工作都是很分離的，每個工人的職務限於一種很簡單的作用，而權力，即資本，則集合并指揮一切勞動——究竟是甚麼。工廠

136　　　分　工　與　機　器

到底是怎樣發生的呢？如果要囘答這個問題，我們就要考查所謂工場手工業是怎樣發展的。我想說一說這樣的工業，這種工業，還不是用機器之近代的工業，而且已經不是**中古時代**的職工工業，又不是家庭工業。我們不必有很詳細的說明：我們只舉出幾個主要之點，使人們知道不能把公式當作歷史。

　　為構成工場手工業之一個最緊要的條件，乃是由美洲的發現及其貴金屬的輸入所促進之資本的蓄積。

　　這可以充分證明：交換手段的增加，一方面使工資與地貸減少，另一方面使工業的利潤增加。換句話說：地主階級與勞動者，封建貴族與平民衰落到甚麼程度，資本家階級，即資產階級便勃興到甚麼程度。

　　還有其他的機會，同時可以促進工場手工業的發展的：自從貿易由好望角（Gap Ie Bonne-Esperauce）的航路貫通到東印度以來，流通的商品之增加，殖民制度，海上貿易的發達等便是。

　　還有一點，在工場手工業的歷史中尙沒有人充分注意的，卽是封建貴族的許多侍從——卽所謂未進工廠以前成了流浪的之人隸屬的人員之解僱。工廠的成立，由於先有十五六世紀之幾乎普遍的流浪的人。工廠還在許多農民中找着一個強有力的支柱，而這些農民，因為耕地變成了牧場，為耕種土地之農業工作減少，於是不斷地由農村中驅逐出來，而在這兩世紀中都奔擠到城市裏來了。

市場的擴大，資本的蓄積，各階級的社會地位中所發生的變化，一大批人都覺得沒有收入的來源，這都是形成工廠手工業之許多的歷史條件。如蒲魯東先生所說的，集合了許多人到工廠中的，并不是平等者間之協商的條約。工廠手工業也不是產生在舊日同業組合的懷胎中。變成近代工廠的主人的是商人，并不是同業組合的舊行束。在工廠手工業與手工業之間，幾乎到處發生了一種激烈的鬭爭。

工具與勞動者之蓄積與集中為工廠中分工的發展之先決條件。工廠手工業極力集合許多勞動者與手工業在一個單獨的地方，在一個資本統治的房屋裏面，很少應用工作的分析，而使一種特別的工人適應一種極簡單的工作。

一個工廠的利益不在乎所謂分工，而在乎按照大規模去工作，節省許多無益的費用等等的事情。在十六世紀之末至十七世紀之初，荷蘭的工廠手工業才知道分工分。

分工的發展，以集合許多勞動者到一個工廠中為前提。

138　　　分　工　與　機　器

　　無論在十六世紀或十七世紀，決沒有這樣的一個例子，即同一的手工業之各部門都詳細劃分，以至於可以把這些部分集合在單獨的地方而造成一個完善的工廠。但是人與工具一經結合，則存在於同業組合的形式之下的分工，必然要再生，反映到工廠內部的。

　　蒲魯東先生把事情倒過來看，假設照他那樣看法，則照亞丹斯密的意義之分工在工廠之先，而工廠是分工存在之一個條件。

　　眞正所謂機器，創始於十八世紀之末。如果以爲機器是分工之反題，是統一那分離的勞動之綜合，那是再錯謬沒有了。

　　機器是勞動工具的結合，決不是爲工人本身之勞動的結合。"爲果照分工的方法，每種特殊的工作當作一個簡單工具的使用時，則用一個單獨的原動力而運轉之一切工具的結合，即構成一種機器"。(巴巴氏：機器經濟論，巴黎，一八三三年)。有些簡單的工具，工具的蓄積，配合了的工具，用單獨的乎的原動力，即用人使配合了的工具運轉，用自然力使這些工具運轉，具有單獨的原動力的機器系統，其有一種代替原動力的自動械的機器系統——這就是機器的進步。

生產工具與分工之集中,彼此是不可分離的,恰如政治組織中公共的權力之集中與私人的利益之區別,也是不可分離的。英國有土地勞動工具的集中,也有農業上的分工及以適應於土地耕作的機器。法國有工具的區別,有小農制,大概沒有農業上的分工,也沒有應用機器到土地上。

在蒲魯東先生看來,勞動工具的集中乃分工的否定。其實我們尚覺相反。工具的集中愈發展,分工即愈發展,而分工愈發展,則工具的集中也愈發展。此所以機器上的一切大發明引起更偉大的分工,而分工上的每次發展,則引起新的機器的發明。

英國在機器發明以後,始有分工之偉大的進步,這是我們無需囘想的。那末,機織工人與紡績工人,大部分是尚在落後的國家中所能看到的那種農民。機器發明,使工廠手工業與農業分離了。不久以前尚結合在一個家族的機織工人與紡績工人,因機器而分離了。託機器的福,紡績工人可以住在英國,同時機織工人住在東印度,在機器發明以前,一國的工業,主要是從事於成為其本地生產品之原料:如英國之羊毛,德國之亞麻,法國之絲與亞麻,東印度與東方之

分 工 與 機 器

棉花等等。因爲應用機器與蒸汽的結果，分工於是有很大的發展，以致大工業脫離本國的土地而專門屬於世界市場，國際貿易，國際的分工了。總之，機器對於分工又有很大的影響，於是在任何一種物品的製造中發現可以部分地採用機器之方法時，製造卽分成兩種彼此獨立的經營。

必須談到蒲魯東先生在機器的發明與原始的應用中所發現之神智的與慈善的目的嗎？

當在英國市場有了發展，而手工的勞動再不能使之滿足時，卽感覺了機器的需要。於是想去應用在十八世紀已經完成了的機械學。

應用動力的工廠決不是因慈善的行動而創始的。兒童們因鞭打而從事勞動；人們把他們當作一種交易品，而與孤兒院定了一種契約。人們廢除了關於工人的學徒制度之法律，我們借用蒲魯東先生的話來說，這是因爲再不需要綜合的工人的緣故。總之，自一八二五年以來，一切發明都是工人與企業家———他竭力想減低工人的專長的價值——間互相衝突的結果。在每次極不重要的新的罷工之後，卽有一種新的機器發生。工人在機器的應用上極少看見恢復權利，一種復興，有如蒲魯東先生所說的，所以在十八世紀，他們很久都反對機械裝置之新生的勢力。

優爾（Ure）博士說，"魏特（Wyatt）在亞克務賴特（Arkwright）許久以前，曾發現了紡績指（Doigs fileurs）（抽線圓柱的系列 la serie des rouleaux Cannelés）……主要的困難不在乎自動的機械之發明……困難特別在乎必要的紀律，使人當工作時拋棄他們的不規則的習慣及使他們與大機械之不變的規律性能互相適應。但是發明并實行一種適合於自動的機械系統之需要與速率的工廠紀律，這就是赫居爾神（Hercule）的偉大事業，這就是亞克務賴特之高貴的成績"。

總之，因為機器的採用，於是社會內部的分工已經擴大，工人在工廠內部的工作已經簡單，資本集合起來了，人更不值價了。

如果蒲魯東先生想做經濟學家并且暫時拋棄"悟性的系統之進化"，那末他要在應用機器的工廠剛發生的時代之亞丹斯密中求得他的博學。實在，亞丹斯密的時代所存在的分工與應用機械的工廠中所看見的分工有甚麼差別。為要充分了解這種差別，可以引用優爾博士之工業的哲學（la philosophie des manufactures）中之幾段文章。

142　　　分　工　與　機　器

"當亞丹斯密著他關於經濟學大綱的不朽的著作時,動力的機械裝置剛剛問世。他認爲分工確是工業發達之大原則;他指出在針的製造中,如果一個工人由實際經驗完成一個單獨而同一的點,則他變成更敏捷而花費更少。他看見在製造的各部門,按照這個原則,某種工作如把黃銅絲切成同樣的長,是一種很容易的工作;同時在另一方面,如修飾并接合扣針頭是比較困難的:因此得到一個結論,當然可以使每種工作有一個專門的工人,而各人的工資視其熟練的程度而定。這種專門化即是分工的本質。但是可以用作亞丹斯密博士時代的實例的,只是使現在的人誤解工廠手工業之眞實的原則。勞動的分配,即使勞動適合各個人的不同的能力,其實很少應用到應用機械的工廠之經營計畫中:恰好相反,凡屬某種工作要求非常靈敏與老練的手腕的地方,則撤退太巧妙而常易陷於種種不規則的工人的手工,以便裝一種規定了自動的動作而爲一個兒童所能看守的特別的機械裝置。

所以,動力的機械裝置的原則是以機械的技術代替手工,以一種工作之構成要素的分析代替工匠間的分工。按照手工業的組織,手藝大抵是任何一種生產品之最不可少的元素；但是，按照自動的機械組織，工匠的技能漸漸用對機械之簡單的看守來代替了。

"人類性質的弱點如此，工人更是熟練，則他更變成任意的幷難駕馭的，因此，他更不適宜於機械的組織，卽他的私欲對於機械組織的全體，可以造成一種重大的妨礙。所以現在工廠主的重大問題，一面使科學與他的資本結合，同時使他的工人的責任只是練習審愼與敏捷，卽常他們被固定在一個唯一目的之上，他們的少年時代所造成好了的能力。

"按照勞動的等級制度，在使服與手變成很熟練以便運用某種機械的智力以前，必須有若干年的學習期間；但是按照所以謂分解一種動作而使之還元到他的基本的要素，幷使這動作之一切部分都服從一種由動的機械的作用之制度，則可以把這些主要的部分委託於一個經過了短期的實習而具有一種普通才能的人；常緊急的時候，也可以照着工廠主的意思，把這個人由這部機器調到那部機器。這樣的更換是與舊的方法完全相反的；所謂舊的方法卽把工作割分，指定這個工人指任修飾針頭的責任，那個工人磨針尖的責任，卽使他們衰弱之討厭的單個勞動……但是，按照平等化的原則與自動的機械組織，工人的能力只是服從一種洽意

144　　　　分　工　與　機　器

的勞動而已。因為他的職務是監視一部很有規則的機器之工作,所以他在很少的時間內可以學習的;而當他由這部機器調到別一部機器更換他的位置時,則他變換他的職務,并考慮由他與他的同伴的工作所發生之全部的組織而發展他的思想。所以在勞動之平等分配的制度之下,在通常的情勢中,不會有因分工所引起之能力的束縛,思想的狹隘,以及妨害身體的狀況。

"凡屬改良機器裝置之經常的目的與傾向,實在是要完全節省人的勞動,或減以人的勞動之價格,同時以婦女與兒童的工業代替成年工人的工業,或以粗笨工人的勞動代替熟練工匠的勞動……這樣只用眼靈指敏的兒童以代替占有長期經驗的工匠之傾向,即指明按照各種不同的熟練的程度而分工之蘇格拉底的信條,終究為我們開明的工廠主所拋棄了"。(安德勒—優爾 André Ure:工業的哲學或工業經濟第一卷,第一章)。

表示近代社會內部之分工的特徵的,乃是分工發生專門,種類,以至於職業的低能 (l'idiolisme du métier)。

勒門德說:"我們在古人中看見同一的人物,同時具有高超的程度,兼哲學家,詩人,演說家,歷史家,僧侶,政治家,將軍等,使我們很驚奇的。我們對於這種如此廣大的活動範圍,精神上很受驚駭。現在各人樹立他的藩籬幷自己的周閉在的牆垣中。我雖不知道這種範圍,是否因這種切斷而擴大,但是我很知道,人類是變狹小了"。

表示應用機器的工廠之分工特徵的,乃是這種工廠之勞動失了專門的性質。但是一切專門的發展一旦停止,便要開始感覺普遍性的要求,即趨於個人的全部發展之傾向。應用機器的工廠,抹殺了種類及職業的低能。

蒲魯東先生,幷不了解應用機器的工廠之革命的一方面,却退後了一步,而向工人提議,不但要做一顆針,之第十二部分,而且接連做整個十二部分。於是工人遇着了針的科學與意識。這就是蒲魯東先生之綜合的的勞動。沒有人否認,前進運動與後退運動,同是一種綜合的運動。

綜而言之,蒲魯東先生幷沒有跑出小資產階級的理想以外。幷爲實現這種理想起見,他除開想使我們回到中古時代的職工,或至多回到正式的職工以外,那是最好不過的。在他的書裏面有幾處說過,在他一生中只有一次做成一種傑作,只有一次自認爲是職工,即滿足了。就形式與內容說一樣,那不是中古世代之同業組合所要求的傑作嗎?

第 三 節
競爭與壟斷

競爭之好的方面 ｛"勞動需要競爭與需要分工一樣……競爭是為達到平等所必要的"。

競爭之壞的方面 ｛"原則乃是他本身的否定。他的最確實的效果消滅他所引起之事物品"。

一般的考察…… ｛"隨之而生的弊病及其所獲得的利益…在論理上二者都由原則中發生出來的"。

待解決的問題… ｛"要求從超乎自由之最高的法則所發生之調和的原則'。

又

> "所以現在問題不在乎破壞競爭,這與破壞自由一樣,同是不可能的事情;問題在乎求得平衡,我可以從是求得一個警察"

蒲魯東先生開始擁護競爭之永久的必然性,而反對想以爭勝(L'émulation)代替競爭者。

世上沒有"無目的的爭勝心",而且"凡所必欲得的東西之對象,必然與所必欲得的東西相似,如對戀人之婦女,野心家之權力,守財奴之黃金,詩人之褒賞,工業上的爭勝之對象必然是利潤。爭勝并不是別的東西,仍然是競爭"。

競爭是為利潤之爭勝。工業上的爭勝,必然是為利潤之爭勝,即競爭嗎?蒲魯東先生斷定如此並證明如此。我們已經知道:在他的意思,斷定即是證明,同樣,假定即是否認。

如果戀人之直接對象是婦女,工業上的爭勝之直接對象便是生產品,并非利潤。

競爭不是工業上的爭勝,乃是商業上的爭勝。現今,工業上的爭勝只是為商業而存在。在近代的人民之經濟生活中,大家如不生產以取得利潤而害了一種迷妄,到處都有這種現象。這種定期發生之投機的迷妄,明白表示競爭之真實

競爭與壟斷

的特質,雖然競爭想免除工業上的爭勝之必然性。

假設你對十四世紀的一個工匠說,人們將廢止工業之特權及一切封建的組織,而代以工業上的爭勝,卽所謂競爭;他便會回答你,各種行束的,職工的組合上特權,卽是有組織的競爭。蒲魯東先生說得好,"爭勝不是別的東西,他本身就是競爭"。

"命令自一八四七年一月一日起,給一切人保證勞動與工資:卽接着工業之熱烈的緊張而引起無限的弛懈"。

現在不用一種假定,一種斷定與一種否定,蒲魯東先生正式發出一個命令以證明競爭的必然性,當作範疇的永久性等。

如果誰想只要一個命令可以免除競爭,便永遠不會免除競爭呢。並且如果誰要保存工資而提議廢除競爭,則可以提議用敕令做一件無意義的事。可是民衆不因敕令而行動。在發出這種命令以前,他們至少要徹底改變了他們的工業的,政治的生活條件以至於他們整個的生存方法。

蒲魯東先生以不可動搖的確信囘答,這是關於"我們的性質沒有歷史前例的變化"之假定,並且他有"不要我們議論"的權利,我們不知道他用甚麼命令。

哲學之貧困　　　149

蒲魯東先生不知道整個的歷史只是人類的性質之不斷的變化而已。

"我們根據事實罷。法蘭西大革命是爲政治的自由，同樣是爲工業的自由；公開地說，法蘭西在一七八九年，決沒有認識他所要求實現的原則之一切結果，他不是爲他的願望所欺騙，也不是爲他的期待所欺騙。誰想否認這種事實，在我看來，則失了批評的權利：我斷不會同一個在原則提出二百五十萬人之自發的錯誤之反對論者爭論的……假設競爭不是社會經濟的原則，運命的命令，人類精神的必然性，那末爲甚麼不卽想恢復一切以免廢除行束的與職工的組合呢"？

這樣，旣然十八世紀的法國人廢除了行會及行束和職工的團體而不用改造，所以十九世紀的法國人應當改造競爭而不用廢除。旣然當十八年世紀的法蘭西，競爭因歷史的需要而成立，在十九世紀，就不應該由於其他歷史的需要，而破壞這種競爭。蒲魯東先生不了解競爭的出現是與十八世紀人類之眞實的發展相聯結的，而將競爭當作人類的靈魂之需要，當作一種虛位(In partibus infidelium)他把十七世紀的大哥羅伯特(Golbert)當作甚麼東西呢？

競爭與壟斷

大革命以後即發生現在的狀態。蒲魯東先生從現在的狀態中扯出一些事實以指出競爭之必然性，同時證明工業與農業中一樣，這種範疇還沒有充分的發展，一切工業都處於一種劣等，調零的狀態。

如果說與許多工業還沒有達到競爭之很高的程度，有些還是在資產階級的生產的水平線以下，這是毫沒有證明競爭的必然性之一種無意識的話。

蒲魯東先生之整個的邏輯，總括的說即是如此：競爭乃是我們現在發展我們的生產力之一種社會關係。他對於這種真理并沒有甚麼公論理的闡發，只有常常充分發揮的形式，同時以為競爭是工業之爭勝，即自由生存之現實的方式，勞動中之責任，價值之構成，為達到平等之一條件，社會經濟之一原則，運命之命令，人類的精神之必然性，永久的正義之鼓舞，分工中之自由，自由中之分工，一種經濟的範疇。

"競爭協作是互相依靠的。二者固不互相排斥，也不是分歧不一致的。說到競爭，即已假定有共同的目的。所以競爭不是利己主義，而社會主義之最可憐的錯誤，即是視競爭為社會的崩壞"。

說到競爭，即說到共同的目的，那末，一方面證明競爭即是協作；另一方面即證明競爭不是利己主義。并且說到利己主義，不即說到共同的目的嗎？利己主義養成社會中并由社會的事實所養成，而社會的事實，即共同的目的，共同的需要，共同的生產方法……等等。社會主義者所謂競爭與協作并不是分歧不一致的，這豈是偶然的嗎？

社會主義者很知道現在的社會是建立在競爭之上的。他們怎樣可以非難競爭推翻他們自己所願推翻的現社會呢？并且他們怎樣可以非難競爭要推翻他們所豫想的競爭崩壞之將來的社會呢？

蒲魯東先生更進一步說，競爭乃壟斷之反對，因此，他不會成為協作的反對。

封建制度，從他起源以來，是與當時還不曾存在的競爭相對立的。結果不是競爭與封建制度對定嗎？

事實上，所謂社會，協作都是可以加於一切社會——對封建社會與所謂建立在競爭之上的協作之資產階級的社會一樣——之名稱。然則怎樣可以有所謂社會主義者，相信用協作一句話可以駁擊競爭的呢？而且蒲魯東先生怎樣他自己可以擁護反對社會主義的競爭，而以協作一句話來指示

152　競爭與壟斷

競爭呢？

凡屬我們剛纔所說的事情，卽是如蒲魯東先生所承認之競爭的好的方面。現在說到壞的方面，卽競爭之否定的方面，他的弊病，卽他所有之破壞的，有害的性質。

蒲魯東給我描寫競爭之狀態，有些悲慘的事情。

競爭產生貧困，搆成內亂，改變"自然界"，混亂國民性，破壞家族，敗破人心，"推翻公平，正義，道德的觀念"，而且更壞，他做壞正直而自由的貿易，而不相償以"綜合的價值"，卽固定而正當的價格。他使大家失望，在經濟學家亦如此。經果他走到自己破壞自己之途。

照蒲魯東先生所舉競爭之害處，在資產階級的社會關係，他的原則與幻想，可以有比競爭更腐敗，更破壞的要素嗎？

我們很要注意，如果競爭引起新的生產力，卽新社會的物質條件之非常的創造，則他對於資產階級的社會關係變成更破壞的了。至少在這種見地上，競爭有壞的方面，也有好的方面。

"從競爭的起源來考察，視爲經濟的狀況或形相之競爭，乃是一般的生產費用遞減的理論……之必然的結果"。

哲　學　之　貧　困　　　　　153

蒲魯東先生以為血液的循環，乃是赫威（Harvey）的理論之一種結論"。

"襲斷乃競爭之必然的歸結，因競爭由他本身不斷的否定而發生襲斷。襲斷的發生即已是襲斷的肯定……襲斷乃競爭之自然的反對……但是自從競爭成為必然的時候，他即包含襲斷的觀念，因為襲斷如同每個競爭的個人之中樞。"

如果他至少一旦能夠好好應用他的正題與反題的公式，為我們與蒲魯東先生所同喜的。大家都知道，近代的競爭是由競爭本身所產生的。

論到內容方面，蒲魯東先生却具有詩的形象。競爭使"勞動劃分的各部分保持各個人之自己的力及自己的獨立之一種主權"。襲斷乃"互相競爭的各個人之中樞"。主權至少相當於中樞。

蒲魯東先生只說到由競爭所發生的近代的襲斷而已。但是我們大家都知道，競爭乃由封建的襲斷所產生的。那末原來競爭乃襲斷的反對，而襲斷非競爭的反對。然則，近代的競爭不是一種簡單的反題，乃是反對真正的綜合。

正題：在競爭以前的封建的襲斷。

154　　競　爭　與　襲斷

反題：競爭。

綜合：近代的襲斷，乃是封建的襲斷之否定，因爲以競爭的制度爲前提，幷且他是競爭的否定，因爲以襲斷爲限。

那末，近代的襲斷，資產階級的襲斷，乃是綜合的襲斷，否定的否定，反對物的統一。他是處於純粹的，正當的，合理的狀態之襲斷。蒲魯東先生把資產階級的襲斷作爲粗野的，淺薄的，矛盾的，拘攣性的狀態之襲斷時，他是與他本身的哲學相矛盾的。蒲魯東先生爲襲斷問題幾次引用之羅西(Rossi)先生，他想充分了解資產階級的襲斷之綜合的物質。在他的經濟學原論(Le Cours d'Economie Politique)中，他分成人爲的襲斷與自然的襲斷。他說，封建襲斷是人爲的，卽是專制的；資產階級的襲斷是自然的，卽是合理的。

蒲魯東先生推論說，襲斷是一件好的事情，因爲這是一種經濟的範疇，"人類之非個人的理性"之發揚。競爭也是一件好的事情，因爲他也是一種經濟的範疇。但是所謂不好的，就是襲斷的實現與競爭的實現。所謂更壞的，就是競爭與襲斷互相吞噬。然則應該怎麼辦呢？卽應尋求這兩個永久的思想之綜合，把他從上古時代所寄托而來的神的懷裏奪囘來。

在實際生活中，不但發現競爭，壟斷及其兩者的對立，而且發現他們的綜合，而這綜合不是一種公式，而是一種運動。壟斷產生競爭，競爭產生壟斷。壟斷與壟斷發生競爭，競爭者便變成壟斷者。如果壟斷者以部分的協調限制他們相互間的競爭，則在工人中間之競爭擴大；幷且與一國的壟斷者對立之無產階級的羣衆愈加擴大，則在各國的壟斷者間之競爭愈加擴張。壟斷只因不斷地經過競爭的戰鬥才能維持，這就是二者之綜合。

為要辯證法式的發生所謂繼壟斷而起的賦稅，蒲魯東先生便說到所謂"社會的天才"。"社會的天才在大膽地遵循他的轉彎曲折的道路，用堅定的步伐向前進行，不後悔，不停頓，達到壟斷的角以後，以憂鬱的眼光迴顧後方，幷且在深沉的考慮以後，為使一切的職務都委之於無產階級，幷由壟斷者來報酬起見，他課一切生產的物品以賦稅，而構成一整個的管理機關。"

怎樣解釋這樣終日不食而左右徘徊的天才呢？原來賦稅正是給資產階級用以做保存統治階級之方法，而這種徘徊除開用賦稅破壞資產階級以外，沒有別的目的，這又怎樣

156　　競　爭　與　壟　斷

解釋呢？

只爲約略考察蒲魯東先生所用以討論經濟的詳情之方法起見，可以說，照他的意見，消費稅是站在平等的見地，並爲幫助無產階級而設立的。消費稅是從資產階級的當權以來才得到眞正的發展。在工業資本的手中，卽由勞動之直接的剝削所維持，再生產，增加之質朴而節儉的財富之手中，消費稅卽是剝削只知道消費的大貴族之無用的，逸樂的，浪費的財富之一種方法。余格・斯丟亞特 (Jaques Stuart) 在亞丹斯密前十年所出版之經濟學原理的硏究 (Recherch sur les Principes de l'Economie Politique)中充分說明了消費稅之本來的目的。

他說，"在純粹的君主國中，王公等對於財富的增大，似乎很嫉妬的，因此徵收漸次富裕的人之賦稅——生產稅。在立憲政府之下，賦稅主要地落在貧困的人身上——消費稅。卽君主徵收產業之租稅……例如人頭稅與財產稅是按照負担者所推定的財富爲比例的。各人是按照他所認爲推定的利息而課稅的。在立憲政府之下，租稅通常是對消費而徵收的。各人是按照他所有的支出而課稅的。"

至於租稅，交易的平衡，信用之論理的連續——我們只要注意下面的事情，卽英國的資產階級在 Guillaume D'Orange 時代達到他的政治的組織，自從處於自由發展他的生存條件之狀態以來，他一舉便搆成了一種新的租稅制度，公債與保護關稅制度。

上述的概要，很可以將蒲魯東先生關於警察或租稅，交易的平衡，信用，共產主義與人口之刻苦的編纂，給讀者一個正確的觀念。我們敢愼重地取出這幾章之最寬大批評。

第 四 節

土地所有權與地貸

在各歷史的時代，所有權是各不相同地幷在完全不同的社會關係之一種系列裏而發展的。即爲給資產階級的所有權下定義，除非是資產階級的生產之一切社會關係的說明以外，幷沒有別的意義。

如想把所有權當作一種獨立的關係，一種特殊的範疇，一種抽象而永久的觀念來下一個定義，這不過是形而上學或法學之一種幻想而已。

蒲魯東先生彷彿像說到所有權的一般時，其實只討論土地所有權，地貸而已。

哲學之貧困

"與所有權相同之地貸的起源,是所謂在經濟以外的:在求之於與財富的生產相隔甚遠的心理上與道德上之考察中。"(第二卷,二六六頁)

如此,蒲魯東先生自己承認不能了解地貸與所有權之經濟的起源。恰好因為這樣不可能,使他不得不依賴於與財富的生產隔離甚遠而極接近於他的歷史見解的狹隘之心理與道德的觀察。蒲魯東先生肯定說,所有權的起源有些神祕的與不可思議的事情。然則在所有權的起源中看出神祕,即是把對於生產工具的分配之生產關係本身變成神祕,照蒲魯東先生的說法,這不是拋棄對於經濟科學之一切抱負嗎?蒲魯東先生"只記得在經濟進化的第七期——信用——即虛構使實際消滅,人類的活動喪失在空虛中之時,必然要使人更強固地與自然結合起來:那末地貸即是這新的契約之代價。"(第二卷,二六六頁)

"拿着四十耳銖(Écus 古銀幣名——譯者註)的人",就已預想着一個未來的蒲魯東:"創造主,照你的允許:各人都是在他自己的世界中之主宰;但是你從沒有使我相信,我們所住的世界是玻璃製的。" 在你的世界中,信用是為自己消失在空虛中的一種方法,因此私產制成連繫人與自然的必

159

160　土地所有權與地貸

須的手段,是很可能的。在現實的人的世界中,土地私有制在遠在信用之先,因此蒲魯東先生之空虛的恐怖是不能存永的。

一旦地貸存在,無論他的起源如何,他常是在佃戶與地主之間互相爭持的目的物。這種爭持的結局如何,換言之,地貸的平均額如何呢?下面就是蒲魯東先生所說的:

李嘉圖的學說回答了這個問題。當人類初出現在地球上,在他面前只有廣漠的森林,土地是廣大的,而產業發生了的時代,卽社會發端的時侯,簡直沒有甚麼地貸。還沒有用勞動耕種過的土地,是一種利用的對象;這不是一種交換價值:他是公用的,非社會的。家族的增加與農業的進步,漸漸使土地發生價格。勞動給土地以價值:地貸由此發生。如果以同一的勞動量,一塊土地所能產生的物產愈多,則他估價愈高;所以地主的意向永是把土地物產總和起來,而減去佃戶的工資卽生產費,就算爲土地的價格。這樣,私產制就跟在勞動後面,將勞動在生產費中超過實際生產費所造成的價值,都剝奪去了。地主盡了一種神祕的義務,對佃戶而言,他并代表共有財產,佃戶在上帝的預定中,只是一個負責任的勞動者,應當將他本分工資以外的收獲歸之於社會

哲 學 之 貧 困　　161

……所以就本質與目的說，地貸乃是一種分配的正義的工具，經濟的天才所用以達到平等的許多方法之一。這是地主與佃戶中間，爲一種最高的利益，相反的，但不發生可能衝突的，所造成的一種廣大的土地稅，而這種土地稅之確定的結果，必然是使土地耕種者與產業家中間之土地占有權趨於平等……必須有這種私產制的魔術，才能從佃戶方面奪取佃戶所認爲是由自己創造幷屬於自己所有的剩餘生產品。地貸或所謂私產制，破壞了農業的利己主義，幷造成一種任何權力，任何土地的分配所不使之發生的團結力……現在，已成就的私產制之精神的效果，仍然是實行地地貸的分配。

所有這種支離破碎的文字可以歸納如次：李嘉圖說，農產品的價格超過生產費——包括資本之普通的利潤與利息——之剩餘部分，卽產生地貸的標準。蒲魯東先生更是巧妙，他搬出地主當作一種救星（Deux ex machina），由地主從佃戶方面剝奪超過生產費之生產物的剩餘部分。他用地主的干與來說明私產制，用收地貸的干與來說明地貸。他提出同樣的問題以回答問題，幷還加上一層話。

我們還要注意：蒲魯東先生以土地肥沃的差別決定地

土地所有權與地貸

貸時,他還替地貸找出一種新的根源,照他的意思,在依照肥沃程度的差別來估量地貸以前,地貸"不是交換價值,而是公用物"。以爲因挽囘那將要消失在無限空虛中的人到土地上來之必要而產生地貸——這種虛搆的地貸,究竟變成甚麼樣子呢?

現在我們要解除李嘉圖學說中些神意的,寓言的與神祕的文句,蒲魯東先生就是用心要將李嘉圖學說隱藏在這些文句裏頭的。

在李嘉圖的意思,地貸是帶資產階級的狀態之土地私產制:即是服從資產階級生產條件的封建的私產制。

我們知道,依照李嘉圖的學說,一切物品的價格,畢竟是由生產費—包括工業的利潤—來決定的;換句話說,由所使用的勞動時間來決定的。在工廠手工業中,由最低限度的勞動所得到的生產品的價格,可以規定同類之其他一切的高品之價格,因爲人們可以無限的增加花費最少而生產最多的生產工具,幷且競爭必然引導一種市場價格,即一切同類的生產品之一種共通的價格。

反之,在農業中,規定一切同種類的生產品之價格的,即是由最高限度的勞動所得到的生產品的價格。第一,如在工廠手工業中一樣，人們不能任意增加同一程度的生產力之生產工具，即同一肥沃程度的土地。次之，如果人口增加，即有人開拓劣等的土地，或在同一的土地上投下比最初的資本而生產較少的新的資本。在這兩種情形中，人們使用最多的勞動量以得到比較少的生產品。因為人口的要求，必然要增加勞動，故用高價耕種的土地之生產品與用廉價耕種的土地之生產品完全一樣，都能夠暢銷。因為競爭使市場的價格平均，故最好的土地之生產品是與最壞的土地之生產品一樣的貴。所謂最好的土地之生產品的價格所超過生產費之剩餘部分，即構成地貸。假設有人常常有同一肥沃程度的土地歸他處置；假設如在工廠手工業中一樣，有人可以常常使用花費少而生產多的機器，或許第二次投資生產與第一次投資同樣多的東西，那末農產品的價格要由最好的生產工具所生產的貨物價格來決定，如我們對於手工業生產品的價格所看見的情形一般。但是自此以後，地貸終會消滅罷。

為使李嘉圖的學說普遍地應用，還必須資本可以自由適用於工業的各部門；資本家之間充分發展的競爭發生相等率的利潤；耕作者不過是一個工業資本家，要求使用在任

土地所有權與地貸

何工業中的資本所取得的利潤相等的利潤，而使他的資本投到土地上去；農業的經營服從大工業的制度，最後，地主自己只注意貨幣的收入而已。

如在愛爾蘭，佃耕制度雖然有極端的發展，地貸尚不能存在呢。因為地貸不但是超過工資，而且是超過工業利潤之剩餘部分，所以地主的收入只是在工資中提取一部分時，地貸才能夠存在。

然則，因為決不使一個簡單的勞動者，做土地的耕作者即佃農，幷不使"向農夫奪取他所不免認為自已的東西之剩餘生產品"，於是地貸使工業資本家與地主對立，而代替奴隸，農奴，納稅者，工錢奴。

並且當封建的農夫為工業資本家所代替以前，還經過一個長時間。例如在德國，當十八世紀之最後三十年才開始這種轉變。只有在英國，工業資本家與地主之間的關係曾經得到充分的發展。

如果只有蒲魯東先生所謂的耆時開墾,(Le colon)還沒有地貸。自從有了地貸，開墾者卽不是佃農，而是工人，卽佃農的開墾者。所謂勞動者的減少，變成為工業資本家勞動之簡單的工人，日工，工錢奴的作用；所謂利用土地如同利用其他一切的工廠之工業資本家的參加，小君主的地主變成通常的高利貸：這就是由地貸所表現的各種關係。

照李嘉圖的意思，地貸卽是成爲商業的族長制的農業，卽應用於土地的工業資本，城市的資產階級便移植到農村去了。地貸，爲免人依附於自然，只使土地的耕作依附於競爭而已。一旦搆成了地貸，土地所有權本身卽是競爭的結果，因爲以後地貸卽由農產品的購賣價值而決定。就如地貸一樣，土地所有已經動產化幷變成一種商業的動產。只有在城市工業的發展與工業發展所發生的社會組織使地主不得不只注意購賣利潤，他的農產品的貨幣收入，最後以至在他土地所有中只看見一副鑄造貨幣的機器之時，地貸才有存在之可能。地貸使地主完全脫離土地，脫離自然，以致他沒有認識他的土地之必要，猶如英國所表現的情形。至於佃農，工業資本家與農業工人，他們更不是注意在他們所利用的土地，比之製造廠的企業家與工人不是注意在棉花與羊毛；他們只是注意在土地經營的價格，卽貨幣的收入而已。各反動的黨派之哀訴由此而起，他們以他們的願望，要求恢復封建制度，族長制度的純良的生活，以及我們的祖先之質朴的風俗與偉大的德行。所謂土地服從支配其他一切工業的法

土地所有權與地貸

則,現在與將來常是引人注意的哀悼的對象。那末可以說,地貸成了在歷史的運動中發出牧歌之原動力。

李嘉圖假定資產階級的生產為決定地貸之必然的條件,然而把他(地貸)應用到一切時代及一切國家之土地所有了。這是把資產階級的生產關係當作永久範疇的一切經濟學家之老辦法。

蒲魯東先生由他所認為開墾者成為負責任的勞動者的變化之神聖的目的,移到土地之平等的分配上去了。

地貸,如我們剛才所說的情形,是由肥沃不等的土地的生產品之相等的價格所構成的,以致花費十個佛郎的一百立脫爾(Hectoliter)麥子,假設為劣等的土地生產費提高到二十個佛郎,則要賣二十個佛郎。

因為需要不得不購買運到市場上之一切農產品,而市場的價格是由最高的生產費來決定的。所以給最好的土地所有者構成為他們佃戶所賣每百立脫爾之十個佛郎的地貸者,即是由競爭所發生,而非由土地肥沃不等所發生之價格的平等化。

假定一旦麥子的價格用生產麥子所必要的勞動時間來決定,并且在最好的土地上所得到之百立脫爾麥子即賣十個佛郞，則在劣等土地所得到之百立脫爾麥子要賣二十個佛郞。這可以說，市場的平均價格是十五個佛郞，然而照競爭的法則，則是二十個佛郞。假若平均價格是十五個佛郞，則沒有任何不平等及其他的分配問題，因爲幷沒有地貸的緣故。只因爲在生產者費用十個佛郞之百立脫爾麥子要賣二十個佛郞，地貸才能存在。蒲魯東先生爲使不平等的生產品達到平等的分配起見，卽假定對不平等的生產費有市場價格平等。

我們覺得，經濟學家如密勒(Mill)，佘爾不里葉(Cherbulier)，希爾狄治(Hilditsch)以及其他的人，都要求地貸歸之於國家，用以減輕捐稅。卽此就是工業資本家對於地主之憎惡的明白表現，他們以爲地主在資產階級的生產全體中是一種廢物，一種贅疣。

但是，爲嗣後實行從消費者方面提取過多的十佛郞爲一般的分配起見，首先使一百立脫爾麥子能賣二十佛郞，——這樣就可見'社會天才'憂鬱的走上轉灣曲折的道路，結果必定會在某一個角上將腦袋碰痛。

照蒲魯東先生的描寫，地貸成爲"一種最高的利益中地主與佃戶矛盾地製造的一種巨大的土地册籍，而其一定的結果必是使土地耕作者與實業家之間之土地占有平等。

為使用地貸所製成的任何一種土地册籍成為一種實際的價值起見,則必須常常保留在現社會的條件中。

然而我們已經指出：由佃戶所交給地主之地租只是稍正確地說明工商業最先進的國家中之地貸而已。而且這種地貸常包含所付給為投資於土地的所有者之利息。土地的位置,城市的鄰近,還有其他的情形,都影響到地租并變更地貸。這些決定的理由都足以證明建立在地貸之上的土地册籍之不正確。

另一方面,地貸幷不是一種土地的肥沃程度之經常的指數,因為近代化學的應用,常常改變土地的性質,并且地質學上的知識現在正開始推翻相對的肥沃之一切舊的估計：只是二十餘年以來,人們才開拓英國東部之廣大的土地,即為沒有充分估計腐蝕土與下層的構造之間的關係而棄着沒有開墾的土地。

因此,歷史決不是在地貸中給一完成的土地册籍,不過使之改變,完全推翻已經形成的土地册籍而已。

最後,肥沃不是如人所能相信的同樣自然的特質：他與現在的社會關係密切結合着。土地可以很肥沃的栽培麥子,然而市塲的價格可以使耕作者把他變成人爲的牧塲，而使他變成不毛之地。

蒲魯東先生除爲使地貸所謂神聖上的平等的目的具體化以外，幷沒有忽略他的土地册籍，而他的土地册籍幷不等於通常的土地册籍。

蒲魯東先生又說："地貸是爲所謂不滅的資本卽土地所給的利子。那末資本在物質則不受任何的增加，而使用則止有無限的改良，以致當利子與借貸(借金)的利息因資本的豐富而不斷地減少，而地貸則因工業的完成而日見增加，因工業的完成而發生土地使用中之改良……如此卽是地貸的本質。"(第二卷二六五頁)

現在，蒲魯東先生除以地貸發生於一種特殊性質的資本以外，幷以他具有利子的特徵。這種特殊性質的資本卽是土地，卽所謂"在物質上不能有任何的增加，而只在使用上有無限的改良"之資本。在文明的進步中，利子有繼續低落的傾向，而地貸却有繼續提高的傾向。利子因爲資本的豐富而低落；地貸却隨工業的完成而增高，而工業的完成，結果使土地有非常廣大的使用。

以上卽是蒲魯東先生對於地貸的本質之意見。

土地所有權與地貸

首先我們要考查正是那一點才可以說，地貸乃是資本的利子。

在地主本身看來，地貸卽表示他為土地所費用或他把土過地出賣從中所取得之資本的利子。但是當買賣土地時，他不買賣地貸而已。他為變成地貸的取得者所必要的代價，根據一般的利率而規定，與地貸本來的性質沒有甚麼關係。投在土地中的資本之利息，大抵比投在工業或商業中的資本之利息低些。所以在把土地獻給于所有者利息與地貸本身區別者看來，土地資本的利息比其他資本的利息更是減少。但是現在問題不在乎地貸的買或賣的價格，地貸的販賣價值，資本化的地貸，而在乎地貸的本身。

地租，除所謂地貸以外，還可以包含投在土地中之資本的利息。那末，地主不是以地主的資格，而以資本家的資格接受這部分的地租；可是這不是我們所要說的那種地貸。

如果土地不是利用着做生產手段，土地便不成為資本了。土地資本可以與其他生產工具同樣增加。照蒲魯東先生的說法，人們沒有在土地本身增加甚麼東西，而是增加用作生產工具的土地。除非對已經變成生產手段的土地應用第二次投資以外，人們可以增加土地資本，而於土地本身，卽土地的面積,沒有甚麼增加。蒲魯東先生所謂土地本身，即是如有界限的土地。至於他給與土地之永久性,我們極承認土地具有這種如同本體的效力。土地資本不是比其他一切的資本更屬永久的。

產生利息之金銀，是比土地同樣永續而經久的，如果土地的價格高漲而金銀的價格低落，的確這不是因其多少永久的性質而發生的。

土地資本不是一種固定資本,而固定資本與流動資本同樣會消耗的。對于土地的改良,有再生產與維持之必要；改良只能支持一時，與所謂以材料變成生產手段所使用之其他一切的改良有共同之點。假設土地資本是永久的,則有些土地表現與現在全然不同的景象，而我們看見羅馬鄉間 (La Campagne de Rome)，西西里 (La Sicile)，巴勒斯丁 (La Palestine) 都處於舊日繁盛的光榮中。

對於土地之改良尚屬有效的時候，尚有土地資本可以消滅之情形。首先每每有這種情形,本來所謂地貸由較肥沃的新的土地之競爭而消滅；次之,在某一時期尚有價值之改良,因農業學的發展之結果,忽然變成普遍的情形而失其價值。

土地所有權與地貸

土地資本的代表不是地主，而是佃農。土地當作資本而發生的收入，即是利息與產業的利潤，而不是地貸。有些土地出產這種利息與利潤，而決不發生這種地貸。

總之，土地只要能夠生利息，即是土地資本，而當作土地資本的土地則不生地貸，即不會形成土地所有。地貸發生於實行耕作之社會關係。他不是由土地之多少永續，多少經久的性質而發生的。地貸發生于社會，並非由土壤應生。

照蒲魯東先生的意思，"土地使用的改良"，——"工業發達"的結果——乃是地貸繼續提高的原因。反之，改良使地貸定期地減低。

大抵在農業中或在工業中之一切改良是甚麼意義呢？即是以同一的勞動，多多生產，即是以少量的勞動，有同等生產，或更多生產。因為這種改良的結果，農民則不必為比較少的生產品而使用很多的勞動量。那末他沒有依賴劣等土地之必要，而繼續應由於同一的土地之資本部分，可以保存同一的生產力。所以改良決不能使他代不斷地提高，有如蒲魯東先生所說的；恰好相反，而是反對地貸提高之一時的障礙呢。

十七世紀之英國地的主充分知道這種真理，以致他們

反對農業的進步，害怕他們的收入之減少。(參照柏梯(Petty)，查理第二時代的英國經濟學家)

第 五 節

同盟罷工與工人的團結

工資的高漲，除開麥子，酒等漲價的結果，即日用品缺乏的結果以外，沒有其他的結果。工資是什麼呢？即是麥子等等的原價；即是一切物品之全部的價格。更進一步說：工資是構成財富以及勞動羣衆每日在生產上所消費的諸要素之比例。然則，使工資加兩倍……即是以比他的生產品更大的部分歸之於每個生產者，這是相矛盾的；並且如果只對少數的工業漲價，則引起交換中之一般的混亂，總而言之，即日用品缺乏……　我可以說，繼工資高漲而起的同盟罷工達到普遍的高漲，是不可能的：這是二與二等於四一樣確實

的事情。"（蒲魯東，第一卷一一〇至一一一頁）

除開二與二等於四以外，我們否認所有這樣的主張。

第一，沒有普遍的高漲。如果一切物品的價格與工資同時增加兩倍，則不至引起價格的變化，而只有表現的變化。

次之，工資之普遍的高漲，決不能引起商品之多少普遍的高漲。其實，如果一切工業按照固定資本或他所使用的工具之比例，使用同樣數目的工人，工資之普遍的高漲，便引起利潤之普遍的低落，而商品的流通價格不會受任何的變化。

但是，在各種工業中手的勞動與固定資本之比例，是不相同的時候，凡使用比較大的固定資本與比較少的工人之工業遲早不得不減低他們的商品之價格。在相反的情形中，卽他們的商品之價格不減低，則他們的利潤提高到平均利潤率以上。所以，工資之普遍的高漲，對於比較其他工業使用機器比工人還多的工業影響很少的。但是因爲競爭常常希望使利潤率平均，所以超過平均率以上的利潤只是偶然的。因此，除開多少的動搖以外，工資之普遍的高漲引起部分的低落。而代替蒲魯東先生所說之普遍的騰貴，卽引起主地要用機器所製造的商品的流通價格之低落。

同盟罷工與工人的團結

利潤與工資之高漲與低落，只是表示資本家與勞動者參加一勞動日的生產品之比例，大部分是不影響於生產品的價格的。但是"繼工資的增加而起的同盟罷工達到普遍的騰貴，即日用品缺乏"，——那只是表現不可解的詩人腦經中之思想而已。

在英國，同盟罷工照例由於幾種新的機器之發明與應用而發生。可以說，機器乃是資本家用以打擊叛逆的特殊勞動之武器。自動紡績器，近代工業之最大的發明，使叛逆的紡績工失掉了戰鬥力。團結與同盟罷工，除開使機械學的天才之結果反抗他們自己以外，沒有其他的結果，然而他們在工業的發展上却有很大的影響。

蒲魯東先生又說，"在一八四五年九月，勒翁•火舍（Léon Faucher）先生所發表的一論文中說：數年以來英國工人失掉了團結的習慣，這是人們所慶幸的一種進步。工人道德上的這種改善，特別是由於他們的經濟的訓練而發生的。在波爾頓（Bolton）會議上，一個紡績工人叫喊着：決定工資者決不是工廠主。當衰落的時期中，可以說，主人只是必然性用以鞭撻人的鞭子而已，無論他們願意與否，他們總歸是要鞭撻人的。供給與需要的關係乃是操縱的權力；而

| 哲 學 之 貧 困 | 177 |

主人們是沒有這種權力的……"蒲魯東先生大叫喚着，"好了，這就是很有訓練的工人，可爲模範的工人等等。在英國沒有這種貧困：這種貧困決不會走過海峽來的。"（蒲魯東，第一卷二六一至二六二頁）

在英國一切城市中，波爾頓是急進主義（Le radicalisme）最發展的城市。波爾頓的工人是大家所認爲最革命的。當英國爲廢止穀物條例所引起之大擾亂的時候，英國的工業家相信只有把工人站在前面才能對抗地主。但是工人的利益與工業家的利益相反，而工業的利益同樣與地主的利益相反，自然工業家在工人的集會中得不到勝利。工業家怎樣辦呢？爲救全表面起見，他們組織包含大部分的工頭，盡忠於他們的少數工人以及所謂交結的朋友之集會。嗣後如在波爾頓與曼徹斯特（Manchester）真正的工人想參加那種集會以抗議仿造的示威運動時，人們禁止他們進門，而說要是大會入場券。由這句話即知道只允許持有入場券的人才能到會。然而貼在牆上的布告，却稱爲公共的集會。每每在這種集會時，工廠主的報紙都載有在集會中所舉行的講演之舖張而詳細的報告。那無須乎說，所謂講演的人即是工頭。倫敦的報紙都把這些演說逐字逐句地轉載出來。

178　同盟罷工與工人的團結

蒲魯東先生不幸想把工頭當作普通的工人，而給他們以不要超過海峽之命令。

如果在一八四四年至一八四五年同盟罷工沒有以前那樣引起注意，則一八四四年至一八四五年，是一八三七年以來英國工業昌盛之最初的兩年。然而，沒有那一個勞動組合沒有瓦解的。

現在試聽波爾頓的工頭的說話。照他們的意思，工廠主不是工資的主人，因為他們不是生產品價格的主人，因為他們不是世界市場的主人。他們用這種理由，使大家知道不必要甚麽團結以向主人要求工資的增加。反之，蒲魯東先生却教他們不要害怕團結，以為團結會引起工資的提高，因工資的提高，引起生活必需品的缺乏。我們不用說，在唯一的一點上，工頭們與蒲魯東先生之間是完全一致的：即如工資提高則引起生產品的價格之提高。

但是害怕生活必需品的缺乏，那是蒲魯東先生的怨恨之真正的原因嗎？不然。他很真正地怨恨波爾頓的工頭，因為他們以供給與需要決定價值，幷且他們殆已不懷疑搆成價值，達到搆成狀態的價值，價值的搆成，即包括永遠的交換可能性以及神所建立之其他一切關係的均衡與均衡的關係而言。

"工人的同盟罷工是非法的，不但刑律是如此說，而這是經濟的組織，現存秩序之必要。每個工人個人有支配他的身體與手腕的自由，這是可以允許的；但是工人想以團結抑制壟斷，這是社會所不能允許的事情。"（第一卷二三五至二三七頁）

蒲魯東先生主張以刑律的條文作為資產階級的生產關係之一種必然的而且普遍的結果。

在英國，團結是為議會的決議案所允許的，而使議會不得不用法律給以允許的，即是經濟的組織。一八二五年，在哈斯啓遜（Huskisson）大臣之下，議會必須更改立法，使之與自由競爭所發生的實際情形漸漸適合，當時議會必然要廢除禁止工人的團結之一切的法律。近代的工業與競爭愈發展，則引起幷促進團結之要素愈多，幷且團結變成一種經濟的事實，一天一天更加堅固，於是馬上變成一種合法的事實了。

那末刑律的條款，至多不過證明近代的工業與競爭，在憲法會議與第一帝政之下還未充分發展的。

經濟學家與社會主義者，僅有一點是一致的：即誹謗團

同盟罷工與工人的團結

結這一點。不過他們誹謗團結的動機不同罷了。

經濟學家對工人說：你們不要團結罷。如果你們團結起來，則你們妨害工業之合規的進行，你們阻礙工廠主滿足顧客的定貨，你們擾亂交易并催促機器的侵入，而機器的侵入使你們的**勞動之一部分變成無用**，同時使你們接受更低落的工資。更有進者，你們徒勞無功，你們的工資常由所需要的**勞力**與所供給的**勞力之關係**來決定，并且如使你們起來反對經濟學上之永久的法則，這是可笑的，同時也是危險的努力。

社會主義者對工人說：你們不要團結，因為你們團結，究竟得到甚麼利益呢？工資提高嗎？經濟學家明白告訴你們：如果成功，有時候你們能得到的幾個錢，結果是繼續地低減。熟練的計算者給你們證明：總之為按照工資的增加以補償為組織并維持團結所必需的費用必須要幾年。

并且我們以社會主義者的資格告訴你們：除開金錢問題，你們無論如何是工人，而主人常是主人，前後一樣。如此無庸團結，無庸政治，因為實行團結，這不就是實行政治嗎？

經濟學家希望工人停止在已經形成的社會中，卽在他

哲 學 之 貧 困　　　181

們的概論中所記載并證明了的社會中。

社會主義者希望工人把舊社會撇開不管，以便進到他們用許多先見之明給工人所預備了的新社會中。

無論他們彼此如何，無論概論與空想如何，團體跟着近代工業的發展與擴大而前進并擴大，連一瞬間都沒有停止。現在到了這樣的狀態：在一國內團結所發展的程度，即明白表示這個國家在世界市場的等級中所占的地位。工業發展到了最高程度的英國，即有組織得最廣泛最完善的團結。

在英國不見得盡是除開一時的罷工以外，沒有其他的目的，并隨罷工而消滅之部分的團結。人們造成了永久的團結，即勞動組合，以為工人與企業家的鬥爭中之堡壘。并且現在這些各地方的勞動組合都聯合起來，組織了一個全國統一勞動協會，他的中央委員會在倫敦，并已有八萬會員。這些同盟罷工，團結，勞動組合之形成，與工人的政治鬥爭同時進行，而這些政治鬥，現在在憲章派的 (les Chartistes) 名義之下，構成一個大政黨。

勞動者常取團結的形式，以為彼此聯合之最初的嘗試。大的工業將一羣彼此不相認識的人集合在一個地方。競爭以利害關係使他們分裂。但是為維持工資，即他們為對

182　同盟罷工與工人的團結

付他們的主人之共同的利益，却使他們以一種同一的抵抗思想再結合起來——即是團結。因此團結常有兩重目的，即為對資本家實行一種全部的競爭，而停止他們互相間的競爭。如果抵抗的最初目的只是為維持工資，因為資本家本身以一種壓制思想結合起來，則開始向屬孤立的團結而形成團體，并反對常常結合的資本家，他們以為維持聯合，比維持工資更屬必要的。這種情形是眞實的，以致英國的經濟學家，在他們眼中本以為聯合只為工資而成立的，看見工人為聯合而犧牲一大部分工資，却是很驚駭的。為將來戰鬥所必要的一切要素都在這種鬥爭——眞正的內亂——中結合起來并發展起來了。一旦達到這種情形，聯合便帶有一種政治的性質。

經濟的條件，開始把國民的羣衆變成勞動者。資本的統治，給這種羣衆造成一種共通的地位，共通的利害關係。因此這種羣衆對於資本已經是一個階級，不過在他們本身尙不以為是一個階級。他所保護的利益便成為階級利益。但是階級對階級的鬥爭，便是一種政治的鬥爭。

在資產階級中，我們要區分兩個階段：一個階段是他在封建制度與專制君主制度之下構成階級。另一階段是已經構成了階級，他爲使社會成爲資產階級的社會而推翻封建制度與君主制度。第一個階段是很長的，抖需要最大的努力。他開始也是以團結反對封建諸候。

我們要有很多的研究以劃分資產階級由都市的自治團體（La commune）以至構成階級所經過之各種不同的歷史階段。

但是到了爲正確估計同盟罷工，團結以及無產階級在我們眼前實現他們的階級組織之其他的形式時，有些人表示實在的恐懼，另一些人却表示狠深的侮蔑。

一個被壓迫的階級，是爲建立在階級對抗之上的整個社會之必要的條件。所以被壓迫階級的解放，卽包含一個新社會的創造。爲使被壓迫階級得到解放起見，必須要已取得的生產力與現存的社會關係彼此再不能並存才行。在一切生產工具中，最大的生產力就是革命階級的本身。形成階級的革命要素之組織，以舊社會中所能發生之一切生產力的存在爲前提。

這就是說，在舊社會的崩潰以後，將有一個新的階級統治，卽有新政治權力嗎？不然。

勞動階級的解放條件，乃是廢除一切階級的，恰如第三

164　同盟罷工與工人的團結

階級卽資產階級的等級之解放案件，卽是廢除一切身分與一切等級一樣。

在勞動階級的發展進程中，他將以所謂排除階級及階級對抗的一種聯合，來代替舊的市民社會，幷且再沒有所謂政治權力，因爲政治權力正是市民社會中階級對抗之正式的總結呢。

一直到現在，無產階級與資產階級之間的對抗，乃是一種階級對階級的鬥爭，到了鬥爭之最高的表現，卽是一種全體的革命。不但如此，建立在事實反對之上的社會到了激烈的矛盾，把肉體與肉體的衝突當作最後的解決，還有甚麼可驚的呢？

不能說社會運動是排斥政治運動的。決沒有那種政治運動同時不是社會運動的。

只有在再沒有階級與階級對抗之實際狀況中，社會進化才不會有政治革命。一直到那個時候，卽社會每次全般的變革之前夜，社會科學之最後的結論常是如此：

不是戰鬥就是死：不是血淋淋的鬥爭就是虛無。問題不可避免地是這樣提出來了。

　　　　　　　　　　　　喬治・桑(George Sand)

附　　錄

1
馬克思所評判的蒲魯東

（見一八六五年一月十六——十八日社會民主報(Social-Democrat)

一八六五年一月二十四日於倫敦。

先生！

你要我對於蒲魯東的著作給一個詳細的批評，我以時間不足，不能滿足你的希望，殊屬遺憾。幷且我沒有他任何的著作在身邊呢。然而，爲表示我的誠意起見，我急於把下面一點意見告訴你。

我不記得蒲魯東之最初的論文。他在學生時代之普通文字的作品，卽證明他不拘束地處置一切問題，而缺乏解決問題之最初步的知識。

最初的著作：甚麼是財產(Qu'est-ce que la propriete)？是他最好的著作。雖然他所說的內容不新，至少是用新鮮而且大膽說話的方法，所以這部書是引人注意的。他從著作中所認識的法國社會主義者，自然不但以各種不同的觀點批評財產，而且空想地消滅財產。在他的書中，蒲魯東之於聖覆門 (Saint-Simon) 與傅立葉 (Eouricr)，與伏爾巴希 (Eeuerbach) 之於黑智兒相近。與黑智兒比較，伏爾巴希是很貧苦的。然而，在黑智兒以後，他是引人注意的，因爲他引起爲基督教的意識可厭惡之點，以及在哲學批評的進步上很重要，而爲黑智爾置之於神祕的暗昧中之點。

我可以說，蒲魯東這部書的體裁還是很豐富的，幷且在我的意見，造成這部書的大功績就是這種體裁。當他再生產時，蒲魯東發現他所說的事情是新的，而且使之變成更新的。

他用以擊擊經濟學上的聖堂之挑撥的膽量，他用以譏笑資產階級的平凡的常識之機巧的邪說，他的銳利的批評，他的苛刻的諷刺，用這與那反對現在秩序的醜惡之深刻而眞實的反叛的感情，革命的精神，這就是感動甚麼是財產的讀者，以及這本書出現以來，給一種有力的刺激地方呢。在經濟學之嚴格的科學的歷史中，這本書始有引證之僅値。但是這些使人感動的書，在科學方面與文學方面完全一樣，都

哲　學　之　貧　困

具有一種作用。試舉馬爾薩斯(Malthus)的人口論為例。人口論的第一版完全是一部使人感動的小冊子，而且是自始至終的一種剽竊。然而這種譏諷給了人類以何等的衝動呵！

假設我有蒲魯東書在手裏，我便容易舉幾個例子，以證明他的最初的方法。在他自己所認為最好的幾章中，他模仿當時由翻譯所諗識之德國唯一的哲學家——康德之矛盾律的方法，而他留下一個有力的印象，在他與康德一樣，以為矛盾律解決於人類的悟性以外，即在他的悟性是不能解決矛盾律的。

但是，無論他以打破偶像者自任的態度如何，在這最初的作品中已經發現這樣的矛盾：蒲魯東一方面以法國小農（以後用小資產階級）的見地與眼光批評社會，另一方面以社會主義者所遺留給他的尺度做標準。

加之，書的同一的標題，即指出該書之不足。提出問題的方法很拙劣，以至不能正確地來解答。希臘和羅馬的財產為封建的財產所代替，而封建的財產為資產階級的財產所代替。歷史本身即負有對於過去財產關係之一種批評。蒲魯東所欲討論的，就是近代資產階級的財產關係。如果要問這

190　馬克思所評判的蒲魯東

些關係是如何，只有用經濟學的批評的分析才能回答，因爲經濟學之批評的分析不僅把這些財產關係的總體包括在意志關係之法律的表現中，而且包括在物質的生產關係之實在的形態中。蒲魯東把這些經濟關係的綜體附屬於財產之法律的慨念，而他已經不能超出一七八九年前布里索(Brissot)之同樣的回答，卽是說:"財產是贓物。"（見一七八二年柏林出版，布里索(Brissot de Warville)所著之關於財產權與贓物等的研究）

由此所抽出來的結論，卽資產階級對於贓物之法律的概念，完全適用於他的正當的利潤。在另一方面說，贓物，因是財產的侵害，卽以財產爲前提，而蒲魯東却迷亂於資產階級的眞正的財產之混亂而且奇異的各種概念中

當一八四四年我逗留在巴黎的時候，我與蒲魯東發生個人的關係。我回想這種情形，因爲在某一點，我對於他的"膺造"英國人(Sophistication) ——用以表示僞造一種商品的字——是負幾分責任的。在長久的，常常延長到通夜的爭論中，我貫輸他以黑智兒學說 —— 不幸因爲他不懂德文，所以他不能加以澈底研究。以所創始的事情，在我被逐離德國以後，有加爾·格呂(Karl Geün)先生繼續下去。而

哲 學 之 貧 困　　　　191

這位德意志哲學教授，在他不去了解他所教的是甚麼東西這一點，却是我所不及的。

在他的第二部重要著作：貧困—哲學(La Philosoqhi ede la Misèrc)出版以前不久的時候，蒲魯東在一封很詳細的信中告訴了我這件事，其中有這些話："我等待你的批評的鞭策。"但是批評的鞭策不久即落在他身上（在我的哲學之貧困中，一八四七年于巴黎）於是永遠歸絕了我們的交情。

從上面所說的看來，你可以明白：貧困之哲學或經濟矛盾之體系，總之要給甚麼是財產這個問題以問答。事實上，蒲魯東只在第一本書出版以後才開始經濟的研究；他發現為解決他所提出的問題起見必須不用反對話來回答，而要用近代經濟學的分析來回答。同時，他想用辯證法建立經濟範疇的體系。黑智兒派的矛盾應當代替康德之不可解決的矛盾律當作發展的媒介。

為要給這兩大卷書下批評，我應當請你讀讀我的答辯書。我在其中指出蒲魯東不了解科學的辯證法之神祕，另一方面，指出他有純理論的哲學之幻想：不把經濟的範疇視為物質與生產的發展之一定的階段相當應之歷史的生產關

| 192 | 馬克思所評判的蒲魯東 |

係之理論的表現，而他的想像把他變成先於一切實際而存在之永久的觀念，迴附來說，因此他的出發點仍回到資產階級的經濟之觀點。

（註）"經濟學家以為現在的關係——資產階級的生產關係——是自然的，於是以為在那些關係中生產財富幷發展生產力，而這些關係是按照與時代影響無關係的自然的法則。所謂常常支配社會的就是永久的法則。如此則已有了歷史,現在再沒有了。"（哲學之貧困,編者追捕）

次之，我指出他當時所欲加以批評的經濟學之知識如何不完全而且幼稚，以及他如何不從歷史的運動——他本身即是產生社會的解放的物質條件之運動——之批評的知識中探求科學，却與一般空想家從事於所謂給以"解決社會問題"的一種公式之科學的研究。我所特為證明的,即是蒲魯東只有對於經濟學的基礎，交換價值之不完全，混亂而錯誤的觀念，以至使他在李嘉圖的價值論之空想的解釋中，看出某種新的科學之根底。最後我對於他的觀點之總括的判斷如次：

"各經濟關係有好的方面與壞的方面:這是蒲魯東先生

所不自相矛盾之唯一的點。好的方面，他知道是爲經濟學家所表露的壞的方面，他知道是爲社會主義所宣布的。他假借經濟學家所謂永久關係的必然性，并假借社會主義者所謂只在貧困中看出貧困之幻想。他與他們是一致的，而想信賴科學的威權。他以爲科學還元爲一種科學的公式之極小的範圍；他乃是探求公式的人呢。因此蒲魯東先生自詡能給經濟學與共產主義以批評：他站在這兩者之下。所謂在經濟學家之下，因爲如同帶爲一種魔術的公式在手裏的哲學家，他想信可以不必進到經濟的詳細說明；所謂在社會主義者之下，因爲他旣沒有充分的勇氣，又沒有充分的光明以使只在理論上超出資產階級的水平綫以上。

"……他想以科學家的資格凌駕乎資產階級與無產階級之上；他只是永久搖擺於資本與勞動，經濟學與共產主義之間之小資產階級而已。"

無論這種判斷表現如何苛刻，我現在還是不得不逐字逐句保持這種判斷的。但是不要忘記：我在理論上宣布幷證明蒲魯東的書只是小資產階級社會主義的經典時，他已爲當時的經濟學家與社會主義者所共視爲極端的革命家而被排斥了。此所以嗣後我對於那些爲他"背叛"革命而高聲大

194　馬克思所評判的蒲魯東

叫的人未嘗加以附和。如果起初爲別的人——如他自己一樣——所誤解,他幷沒有滿足毫未證明的希望,這固然不是他的錯過。

貧困之哲學與甚麼是財產?對照,卽極不利地表明蒲魯東說明方法的一切缺點。他的體裁常是法國人所謂誇張的,所謂冒充德國哲學之誇張而"專務理論"的支配破碎之說,到處表現不聰明的。他以誇張者的聲調在你們耳邊吹噓的,就是他本身的讚頌,一種討厭的謔語,以及對於他所謂科學之永久自負的話。蒲魯東在此處處有系統地誇張幷且洋洋自得,而失掉表明他的第一部書之眞正的,自然的熱情。幷可以說:他是博聞強記的自修的,拙劣而討厭的學究,卽喪失自認以爲獨立而創造的思想者的傲慢,而現在科學上相信可以他所成就的及他所有的東西自驕自負之曾爲工人的學究。而且他的小市民的感情使他以不適當而粗野的,不徹底而淺薄的,不正確的方式來攻擊如加伯(Cabet)以在無產階級中之政治作用而常被尊敬的人物,同時他與杜諾乙(Dunoyer)(確是樞密顧問)通慇懃,而杜諾乙除開以滑稽的眞面目宣講非常討厭的,很長的三大卷,赫爾菲狄思(Helvetius)所謂:"希望不幸的人完全無缺"之嚴格主義

(Un rigorisme) 以外，沒有甚麼重要。

實在二月革命忽然爆發，恰好是不利於蒲魯東的，因為幾星期以前，他的確剛才以斷然的態度證明革命的時代永久過去了。然而他在國民會議中的態度，雖然證明他對時局很少明瞭，也值得讚賞的。六月暴動以後，這種態度是一種大有勇氣的行為。而且這種態度有這樣好的結果，狄葉斯(Thiers)先生在他以書的形式所繼續發表對於蒲魯東的提議的回答中，暴露了這位法國資產階級的聰明的柱石所依據之小孩可憐的座子。拿蒲魯東與狄葉斯對立，蒲魯東實在有如太古的巨像之比。

蒲魯東之經濟上最後的事業與動作，即是"無償信用"(Crédit gratuit)以及使之實現的"平民銀行"(Banpue du Peuple)之發現。在我的經濟學批評(一八五九年柏林出版)中(五九至六四頁)已經證明，蒲魯東這些觀念，是由於不了解資產階級的經濟學之第一要素：即商品與貨幣之間的關係；而這些觀念之實際的實現，只是很早而且定立很好的再生產計劃而已。在十八世紀初以及現代，英國用以轉移這階級的財富給別一階級之信用的發展，在一定的政治與經濟的條件之下，可以促進工人階級的解放，這是沒有疑問，而

| 196 | 馬克思所評判之蒲魯東 |

且很明白的。但是把帶利的資本當作資本之主要的形式,而想實行信用之特殊的應用及所謂利率的廢除,以爲社會變革的基礎——這就是所謂小市民的空想。而且可以看出如十七世紀英國小資產階級代表中的熱情（Con amore）所已指出的空想。蒲魯東爲帶利的資本反對巴斯的雅（Bastiat）的論戰（一八五〇年）是在貧困之哲學以下的。他亦爲巴斯的雅所攻擊,而他的敵手每每給他以打擊,則咆哮大怒。

數年前蒲魯東寫了一篇關於租稅的論文,我相信是爲活德（Vaud）地方政府所公布的。此處天才之最後的微光即消滅了：只剩下純粹的小資產階級而已。

蒲魯東的政治與哲學的著作,與我們在他的經濟的著作中所看見的一樣,都有兩重的與矛盾的特徵。加之,他的著作只有限於法國之局部的重要關係。然而他對于宗教與教會的攻擊,在法國社會主義者,以他們宗教的感情,視爲超出十八世紀的福祿特爾主義（Voltairianisme）與十九世紀德國無神論的自誇的時期,却有一種大的局部的功績。倘若彼得大帝（Pierre Grand）以野蠻去戰勝俄羅斯的野蠻,蒲魯東則努力以空談去救濟法蘭西的空談。

他還有一部不但可視爲壞的著作，而且簡直可視爲卑污的言論者——然而却完全與市儈的感性相合的——即是他的論"政變"(Coup d' Etat) 的一本著作,他在其中獻媚於路易波那巴特 (L. Bonaparte)，努力使法國的工人去歡迎他,而這本書是反對波蘭 (Pologne) 的,他以愚人的玩世態度去看待波蘭,藉此以恭維沙皇。

有人常常把蒲魯東比之於盧梭 (J. J. Rousseau) 這是再錯誤沒有了。寧可說他是與尼古拉蘭格 (Nicolas Linguet) 相似,但蘭格之民法的理論一書却是一種天才的著作。

蒲魯東的性格使他接近辯證法。但是因爲他毫不了解科學的辯證法,所以他只走到詭辯的道路而已。實在,這是由他的小資產階級的觀點出發的。小資產階級與現代的歷史家羅麥 (Raumer) 完全一樣,常常說兩方面的話。兩種對立的,矛盾的潮流支配他的物質的利益,因此支配他的宗敎的,科學的,藝術的見解以及他的道德，總之支配他一切的事。他是顯明的矛盾。例如蒲魯東,如果他是一個才能的人,他即知道以他本來的矛盾來玩弄戲法,幷可以按照情形造成顯著的,轟動的,有時很著名的邪說。科學的幻術與政治的關和，是由于同樣的觀點而不可分離的。只有一個唯一的動機，卽個人的虛榮心，而且在一切好虛榮的人看來，只爲刹那的結果，一時的成功而已。如此則簡單的精神的智謀——例如保護一位盧梭與現存的勢力之表面的妥協的——必然不行了。

或者後世的人爲說明法國歷史之最近的階段起見，可以說，路易·波那巴特卽是現在的拿破崙(Napoléon)，而蒲魯東卽是現時的盧梭——福祿特爾(Rousseau-Voltaire)。

你的忠實的

加爾·馬克思

附　錄

II

約翰葛雷及其勞動劵的理論

馬克思的著作：經濟學批評六一至六四頁摘要，一八五九年柏林出版

附录二 约翰葛雷及其劳动券的理论

視爲貨幣之直接的尺度單位之勞動時間的學說，第一次由約翰•葛雷（John Gray）加以系統的發揮了。

（註） 約翰•葛雷：一八三一年愛丁堡（Edinburgh）出版之社會制度，交換原理論，可與一八四八年愛丁堡出版之貨幣的性質與用途的講義比較。二月革命以後，葛雷送了一部說明書給法國臨時政府，他在書中告訴政府當局：法國所需要的不是"勞動的組織，"而是"交換的組織，"而交換的組織之完全確定的計劃即在于他所發現的貨幣制度中。正直的約翰並沒有想到在刊行社會制度以後十六年，富有發明的才智的蒲魯東以同一的發現可以取得一種特許證的。

約翰葛雷及其勞動券的理論

國立中央銀行以他的分行的幫助，保證爲各種商品的生產所使用的勞動時間。生產者在他的商品交換中得到價值之正式的證明書，即包含在他的商品中之勞動時間的收據（葛雷：社會制度六三頁），而這些一週勞動券，一日勞動券或一小時的勞動券，即代表由銀行堆棧中其他一切商品所能接受的同價的東西（前書六八頁），這就是根據當時英國的制度所注意而詳細發揮的根本原則。葛雷說，"用這種制度，時常爲貨幣而出賣，與現在以貨幣而購買一樣，都是很容易的；生產乃是需要之統一而永遠不盡的源泉"（前書一六頁）。貴金屬失掉他對其他商品所有的"特權"，而"取得與奶油，鷄蛋，羅紗，棉布並立在市場上的位置，幷且他的價值不會有金鋼石的價值那樣貴而引起我的注意"（葛雷：貨幣講義一八〇頁）。我們應當保存我們對於價值之人爲的尺度即金子，而阻礙國家的生產力，或應當保存使用價值之自然的尺度即勞動，而解放國家的生產力（前書一六九頁）嗎？

勞動時間旣然是價值之自然的尺度，爲甚麼在這種尺度以外，又有所謂人爲的尺度呢？爲甚麼交換價値會變成價格呢？爲甚麼可以適合於交換價值的商品——即貨幣——來估定一切商品的價值呢？這就是葛雷所要解決的問題。

他不解決這些問題，反想像以為商品本是社會勞動的生產品，彼此可以直接互相關係的。但是商品在互相關係中，只能現出各自的本性。商品是個人的，獨立的，孤立的勞動之直接生產品，商品必須經過個人交換的過程，才能成為社會的一般勞動的商品，或者說，在商品生產中，勞動只有在個人勞之普遍的混和以後，才會變成的勞動。如果商品中所包含的勞動時間為直接社會勞動時間，葛雷則以為是集體的勞動時間，或以為是直接聯合的個人之勞動時間。在這些條件之下，實在一種特殊的商品——如金或銀——對於其他的商品不是一般的勞動之化身，交換價值不會變成價格，但使用價值也不會變成交換價值，生產品不會變成商品，這樣，資產階級的生產所依據的根基就消滅了。但是這不是葛雷的本意。生產品應當作商品而生產，而不應當作商品而交換。

葛雷把這種誠切的願望之實現委之於國立銀行。一方面由銀行的介紹，社會以個人交換的條件歸之於獨立的個人，另一方面，他使獨立的個人在個人交換的基礎之上繼續生產。論理上使葛雷不得不繼續地否認資產階級的生產之一切條件，雖然他想簡單地"改良"貨幣——商品交換的結

204　約翰葛雷及其勞動劵的理論

果。他把資本變成國家的資本（註一），把土地所有權變成國家的財產（註二），并且注意考察他的銀行時，即知道他只是以一隻手接收商品，交付另一隻手所接受的勞動的證明書，而他規定生產的本身。在他最後的著作，貨幣講義，葛雷竭力表示他的勞動貨幣如同純然資產階級的改良，他便陷于更明顯的謬誤中了。

（註一）　葛雷：社會制度七一頁
（註二）　見前書土地變成國有財產二九八頁

一切商品直接都可以為貨幣，這是葛雷的理論，這種理論是從他對於商品之不完全的，因之錯誤的分析發生出來的。"勞動貨幣，""國立銀行"以及"商品倉庫"之"有機的"構造，只是一種夢想，只是將一種信條，看做普遍的法則而已。以為商品就是直接的貨幣，或商品中所包含之个人的特殊勞動，就是直接的社會勞動，這个信條，並不因為有一个銀行信奉他并照他的辦法經營而變成了眞理。在這種情形之下，破產就是實際批評的作用。葛雷所沒有說以及他所不懷疑的事情——就是說：勞動貨幣乃是一種經濟上的空話，那班有至誠的願望的人拿來表示免除貨幣，免除交換價值，免除商品，免除資產階級社會的一種空話而已——這一點，在葛雷以前或以後的英國幾個社會主義者的著作，已經公開肯定了。但蒲魯東及其學派，却還要認真的以爲降低貨幣幷提高商品乃是社會主義的原則，因此就將社會主義縮至於不瞭解商品和貨幣中間必然的連繫性之粗淺的知識了。

附　錄

III

自由貿易問題

（馬克思在布魯塞民主主義協會的演說，一八四八年一月七日）

先生們——英國穀物條例的廢除，是為十九世紀自由貿易所取得的最大的勝利。在製造業家倡自由貿易論的一切國家,大概他們主要是注意穀物與原料之自由貿易。如以保護關稅征收外國穀物的稅,這是卑污的行動,這是不顧人民的饑餓呢。

便宜的食品,高漲的工資—— cheap food, high wages,這是英國自由貿易者花費數百萬之唯一的目的,并且他們的熱情已經擴大到他們的大陸的朋友方面去了。大概,如果有人希望自由貿易,那就是想改良勞動階級的地位。

但是怪事啊！人們以一切的努力想使人民得到便宜的麵包,而人民是很討厭的。英國之便宜麵包與法國之便宜的政府一樣，都是不名譽的。人民在盡忠的人中，在波林格

210	自　由　貿　易　問　題

(Bowring),布來特(Bright)中看出他的最大的仇敵,最無廉恥的僞善者。

大家都知道,在英國自由黨與民主黨之間的鬥爭,即是所謂自由貿易論者與憲章運動者之間的鬥爭。

現在試看英國自由貿易者怎樣向人民證明所以激動他們的正當的意見。

他們向工廠工人所說者如此:

穀物關係乃是對於工資的課稅,你們交這種稅給大地主,給中古時代的貴族;如果你們的地位是貧困的,這是因爲生活必需品漲價的緣故。

工人則要問工廠主:

在最近三十年間,我們的工業已有最大的發展,爲甚麼我們的工資低落的比例與穀價高漲的比例相差甚遠呢?

誠如你們所說的,我們交給地主的租稅,每週每人約合三辨士。然而,從一八一五年至一八四三年,手織工的工資每週由二十八仙令減少了五仙令;又從一八二五年至一八四三年,機器工廠的織工的工資,每週由二十仙令減少了八仙令呢。

并且當這期間中,我們所交納地主的租稅額從沒有超過三辨士。次之，在一八三四年，當時麵包是很便宜的，而商業是很興旺的，你們所告訴我們的是甚麼呢？如果你們是不幸，這是因為你們生的小孩太多，而且你的結婚比我們的生產更多呢！

這是你們當時所告訴我們的話；而你們將要製造新的救貧法幷建築工作房，即無產階級的牢獄。

工廠主的答辯如此：

你們很有道理，工人先生們；決定工資的，不但是麥子的價格，而且是勞動者的競爭。

但是要考慮一件事：就是我們的土地只是由岩石與砂層構成的。有時你們以為可以把麥子栽在花瓶中嗎？那末，假設為避免在完全不毛之地浪費我們的資本與勞動起見，我們特拋棄農業而專門從事於工業，結果將使全歐洲拋棄工業，而英國形成剩下歐洲全土做農產物的供給地之唯一製造廠的城市。

當工廠主如此向工人說話的時候，他卽受小商人的質問，小商人對他說：

但是，如果我們廢除穀物條例，眞的，我們便要破壞農業，可是我們並不會因此強迫其他的國家靠我們工廠以自給而拋棄他們自己的工廠。

結果是怎麼樣呢？我將失掉現在在農村中的顧主，而國內的商業將失掉他的市場。

工廠主背着工人，卽囘答小商人說：

論到這層，讓我們去做罷。一旦廢止麥子的稅，我們可以從外國得到最便宜的麥子。加之我們將減低工資，同時在我們輸入穀物之其他的國將提高工資。

因此，除開我們已經享有的利益以外，我們還有便宜工資的利益，幷且因爲所有這些的利益，我們很可以使歐洲大陸到我們這裏來買貨。

但是農民與農業工人都參與議論了。

然則，我們怎樣辦呢？他們怎樣說呢？

我們將使我們所恃以生活的農業宣布死刑嗎？有人撤除我們脚下的土地，我們應當忍受嗎？

爲代替一切的囘答起見，反對穀物條例同盟（Anti—corn—law—league）僅懸賞徵集三篇討論廢除穀物條例對於英國工業的影響之最好的論文而已。

這種獎品爲霍普（Hope），莫爾斯（Morse），格勒格（Gregg）所得，而他們的論文有幾千份傳播在農村中了。

得獎者中之一人，竭力證明因外國穀物的輸入所受損失者既不是農民，又不是僱傭勞動者，而只是地主：

他說，英國的農民不要害怕穀物條例的廢止，因為沒有那一國能生產比英國這樣好而又便宜的麥子的。

如此卽使麥子價格低落，這不能妨害你們的，因為這樣的低落只是使地貸低落，決不影響工業的利潤與工資，仍然是一樣的。

第二個得獎者莫爾斯先生主張相反。他認為麥價因穀物條例的廢止而提高云。他費盡心力以證明保護關稅決不能保障麥子一種相當報酬的價格。

為鞏固他的主張起見，他引證了些事實；卽輸入外國的麥子，則英國的麥價非常高漲，而輸入較少，則其價格極端低落。得獎者忘記輸入並不是漲價的原因，而漲價却是輸入的原因呢。

并且，他與他的同伴得獎者正相反對，肯定穀物價格的高漲是農民與工人的利益，並非地主的利益。

第三個得獎者格勒格先生是一個大工廠主，并且他的書達到大農階級，他不能保持相似的蠢話。他的語句是比較科學的。

他承認穀物條例只是使麥價提高，同時使地貸也提高，并且使資本必須投入劣等的土地，同時使麥價也提高，自然這些用不着說明了。

祇要人口增加，則外國的穀物不能輸入到國內，便不得不利用不甚肥沃的土地，而這種土地的耕種需要較多的費用，因此這種土地的生產品最比較貴些。

如果穀物要是強賣，則其價格必然要按照最貴的土地之生產品的價格來規定才行。在這種價格與最好的土地的生產費之間的差額，即構成地貸。

那末，如果因穀物條例廢除結果，麥價與地貸都要低落，這是因為不生產的土地再沒有耕種了。於是地貸的縮減，必然引起一部分農民的破產。

這些觀察是為了解格勒格先生的詞句所必要的。

他說，不能安心農業的小農將在工業中找出路。至於大農，他們應當在農業中取得勝利。或者地主迫不得已把自己的土地以極廉價賣給他們，或者他們之間所結的地租契約有很長的期限。因此允許他投入大批資本在土地中，應用一大批的機器，因以節省手工的勞動，而手工勞動，因工資之普遍的低落——穀物條例之直接的結果——更加便宜了。

波林(Bowring)博士給這種議論以一種宗教上的追認，而在公開的大會上叫喚着：

耶穌基督就是自由貿易；自由貿易就是耶穌基督。

我們知道：所有這種偽善，原來不是為使工人嘗到便宜的麵包。

并且工人怎樣能夠了解工廠主之不意的慈善，而這些工廠主還是急於攻擊十小時制度，因有人想把工廠工人十二小時的工作時間縮成十小時呢。

為使你們明白工廠主的慈善觀念起見，先生們，請你們注意在一切工廠中所訂立的規則。

各工廠主有一種真正的法令，供他私人的使用，對於一切有意或無意的過犯沒有一定的處罰。舉例來說，假設工人坐在一個椅子上，假設他耳語，閒談，說笑，假設他遲到幾分鐘，或有一部分機器破壞，或他做到所要做到東西等，他都要罰許多的錢，賠償常是比工人真正所發生的損失更多些。并且為做工人易於受罰起見，常常把工廠的鐘提早，給壞的原料要工人做好的貨品。人們常把不善於增加犯法案件的工頭革職。

先生們，你們看見這種情形，這種私人的法制是為發生犯法而製作的，而使之發生犯法是為要錢的。於是工廠主使用一切的方法以縮減法定的工資，而利用工人所不能作主的偶然的事變。

這些工廠主，就是所謂使工人相信他們單為改良工人的命運而不惜拋棄很多的費用之慈善家。

那末，一方面，他們由工廠的規則以最卑鄙的方法剝削工人的工資，另一方面，他們用最大的犧牲使反對穀物條例同盟提高工資云。

他們以大的費用建立宮殿，其中設置同盟（按卽反對穀物條例同盟——譯者）與他的宮舍；他們派大批傳教師到英國各處，教他們宣傳自由貿易的福音：他們教人印刷幷免費地分發成千成萬的小冊子使工人明白他本身的利益，他們花費大批款子收買報紙以借他們的利用，他們組織一種廣大的行政機關以指導自由貿易主義的運動，幷且在公開的大會中以他們的雄辯還一切的才能。下面是一個工人在某一次大會所說的事情：

如果地主出賣我們的骨頭，你們，工廠主，第一要收買地主，把他們拋在蒸汽的磨盤中，而把他們製成粉子。

英國的工人很明白地主與工業資本家中間之鬥爭的意

義。們已充分知道：人們想減低麵包的價格以減低工資，并且工業的利潤因地貸減少而增加。

英國自由貿易的信徒，現世紀最著名的經濟學家——李嘉圖，在這一點，是完全與工人們同意的。

他在他的著名的經濟學著作中說：

"假設不在我們國內收獲麥子，我們發現一處可以得到便宜的麥子的新市場，那末工資應當減少，而利潤可以增加呢。農業生產品的價格減少，不但使耕種土地的工人的工資縮減，而且使在工廠作工或僱用在商業中的工人之工資也要縮減。"

那末，先生們，不要以為從前得五個佛郎，現在麥子更加便宜，只得四個佛郎，對於工人是毫無差別的事情。

他的工資不是常常比利潤低落嗎？他的社會地位不是顯然比資本家壞嗎？除此以外，他又在事實上失敗了。

如果麥子的價格更加高，同時工資也高，則稍許節省麵包的消費，即可以使他得到其他的享樂，但是麵包很便宜，因之工資也很便宜的時候，他即毫不能節省麵包的消費以購買其他的物品。

英國工人使自由貿易者感覺他們不為他們的幻想與誑

| 213 | 自 由 貿 易 問 題 |

言所欺騙，幷且雖然如此，如果與他們聯合去反對地主，這是爲破壞封建制度之最後的殘餘，並只爲對付唯一的敵人而已。工人在他們的計算中並沒有弄錯，因爲地主要報復工廠主，與工人造成共同的利益，以期實現工人三十年來所枉然要求，而在穀物關稅廢止以後所立卽通過之十小時工作制。

如果在經濟學家的大會上，波林博士從他的口袋中取出一個很長的表，以使人看看輸入到了英國而爲工人所消費——如他所說的——的一切牛肉，火腿，猪油，鷄肉等等，他不幸忘記了告訴你們，當同一的時間，曼徹斯特與其他工業的城市之工人爲巳經開始的恐慌拋棄在街上，閒着無事呢。

在原則上，在經濟學上，決不必收集單獨一年的數字而從中抽出一般的法則。必須常常取出六年至七年——近代工業之興盛，生產過剩，停滯，恐慌以及完成他的必然的周期之各種不同的現象所經過的時間——之平均數。

沒有疑問的，如果一切商品的的價格低落，幷且這是自由貿易之必然的結果，那我可以一個佛郎得到比從前更多的物品。幷且工人的佛郎與別人的佛郎是同樣的價值。那末自由貿易對於工人是很有利的。於此只有一點點害處，就是在把他的佛郎交換其他的商品以前，工人首先以他的勞動與資本交換。如果在這種交換中，他常常以同樣的勞役得剛所說的佛郎，而其他一切商品的價格低落，他在這種市場上常常得到利益。困難之點，不在乎證明一切商品的價格低落的時候，我有許多商品得到同一的貨幣。

經濟學家常常當勞動與其他商品交換的時候來考察勞動價格。但是他們完全把勞動與資本交換的時機丟開不管。

為使生產商品的機器動作所需的費用少的時候，則為維持所謂勞動者的機器所必要的東西，花費同樣的少。如果一切的商品都很便宜，同為一種商品之勞動價格也會低落，并且如後面所說的一樣，這種商品勞動與其他的商品比較更加低落。如果勞動者常常信賴經濟學家的議論，便會感覺佛郎鎔解在他的口袋中，而所剩下的不過五個所（Sous）而已。

以上經濟學家向你們說：那好，我們承認工人之間的競爭，在自由貿易的制度之下並不會減少，即使工資伴着商品的價格而低落。但是另一方面，商品價格的低落即增加消費，最大的消費即要求最大的生產，而最大的生產必需要最多的勞動者，并且對勞動者的需要增加，卽促起工資的提高。

根據這種議論必達到如次的結果：自由貿易增加生產力。如果工業擴張，如果財富，生產力，總之，生產的資本增加勞動的需要，勞動的價格，因之工資同樣地增加。以爲工人之最好的條件，卽是資本的擴張。并且必須如此。如果資本停滯，則工業不但會停滯，却會退化，而在這種情形之下，工人卽是最先的犧牲者。他先資本家而滅亡。并且在資本擴張情形之下，卽我們所說以爲工人之最好的條件之下，工人的運命是怎樣呢？他同樣地要滅亡呢。生產資本的擴張卽連帶資本的積累（accumulation）與集中（concentration）。資本集中，引起更廣大的分工與更廣大的應用機器。最廣大的分工破壞工作的專門性，而且以人人所能做的工作代替專門性，因此增加工人間的競爭。

這種競爭，與分工使工人以他一人做三個人的工作，是一樣的激烈。

機器以廣大的規模產生同樣的結果。生產資本的擴張，使工業資本家使用日見增加的生產手段，同時破壞小的工業家而買之於無產者中。加之，如果利率因着資本積累而減少，則再不能靠放利過活之小的收利坐食者便不得不跑到工業中,因之又增加無產者的數目。

最後,生產資本愈增加,則資本家愈不得不為他所不知道需要的市場而生產,生產愈跑在消費的前面,則供給愈不得不逼迫的需要,因此,恐慌更加激烈而迅速。但是一切恐慌促進資本的集中并擴大無產者的數目。

如此,祇要生產資本增加,則工人間的競爭亦增加。勞動的報酬一般地減少,而勞動的負担却增加在少數人身上。

一八二九年,在曼徹斯特(Manchersster),在三十六個工廠工作的紡織工有一千〇八十八人。一八四一年則只有四百四十八人,而且這些工人使用五萬三千三百五十三個紡錘,比一八二九年一千〇八十八個工人所使用的紡錘還多。假使勞動的比例按照生產力而增加,則工人的數目將要達到一千八百四十八人,因此機械的改良,使一千一百工人都失掉工作。

我們預先知道經濟學家的回答。他們說,這些失掉工作的人在另一方面可以找到職業。波林博士在經濟學家大會上常常轉述這種議論,但是他也常常自相矛盾。

一八三三年,波林博士為倫敦五萬手織工很久以來不能找到自由貿易者所預期的新的職業,因饑餓羸弱而瀕於死，他曾在下議院宣布了一篇演說。

我們將舉出波林博士這篇演說之最精彩的部分。

他說："手織工的貧困是由于容易學習而時常爲便宜的方法所代替的各種勞動之不可避免的命運。因爲在這種情形之下，工人間的競爭極端激烈，那末需要稍爲減少、卽引起一種恐慌。手織工已限于某種人類生存的範圍中了。再進一步，他們的生存都成爲不可能的。些微的打擊卽可以把他們抛在衰危的地獄中。機械的進步，一方面逐漸消滅手工的勞動，同時在過渡期間必然引起許多暫時的苦痛。國民的幸福只由個人的災害之代價而取得的。人們只是犧牲落後者以促進工業；而且一切發明中，加諸手織工之最大的打擊，卽是用蒸汽的紡織機之發明。當許多物品以手工製成的時候，手織工已經被逐於競爭場所之外，但是當許多物品還是以手工製造的時候，他却被壓倒了。

往後他又說："我拿着關于東印度公司之總督的通信在手裏。這件通信關係乎達加（Dacca）地方的手織工的。總督在他的信中說：幾年以來，東印度公司收到內地職工所製造的六百萬至八百萬疋的棉布的需要逐漸減少，大約縮到一百萬疋。

在這個時候，這項手工業差不多完全停止了。再則，一八三〇年。北美洲由印度輸入約八十萬疋布；一八三〇年約輸入四千疋。末了，一八〇〇年，有人裝了一百萬疋棉布運到葡萄牙。一八三〇年，葡萄牙只輸入二萬疋而已。

"關於印度手織工的窮困之報告是很可怕的。而這種窮困的原因是甚麼呢？

"卽由于英國生產品出現到市場上；卽由于用蒸汽紡織機生產商品。大多數的手織工因飢餓而死亡；剩下的人跑到別的職業方面去，特別是農業方面。如果不知道改變職業，就是宣告死刑。幷且在這個時候，達加地方挾有英國的棉紗幷棉織物。以美麗與緊牢著名全世界之達加棉紗，同樣爲英國機器的競爭所壓倒了。在整個商業史中、或者很難找着與東印度各階級所受的痛苦和似的情形。"

波林的演說與他所引之正確的事實，同是值得注目的，而他所欲掩蔽事實的口吻，完全帶有與自由貿易論者一切演說之共通的虛僞的特質。他把工人當作必須用便宜的生產手段來代替之生產手段。他似乎在他所謂勞動中看見完全例外的勞動，幷在壓伏手織工的機器中看見同一例外的機器。他忘記，沒有那一種手工勞動不是一天一天遭受與紡織業同一命運的。

"機器裝置中之永久的目的與一切改良的傾向，實際上即是爲完全節省人工或減少人工的價格，而以兒童與婦女的工業代替成年工人的工業，或以不熟練工人的勞動代替熟練手工業者的勞動。在大部分紡績廠中，英語所謂 Throstle-Mills，完全是十六歲或十六歲以下的的少女執行紡績。以自動紡績機代替通常手紡機，結果是辭退大部分的紡績工而保存小孩與青年。"

最熱烈的自由貿易論者，烏爾博士（Dr. Ure）所說的這些話可以補足波林先生的懺悔。波林先生談到個人的禍害，同時說，這些個人的禍害可以滅亡整個的階級，他又談到過渡時期之一時的痛苦，同時他不否認這種一時的痛苦是爲大多數人由生到死之過渡期，以及其餘的人由好的地位到壞的地位之過渡期。而且，如果他說，這些工人的災禍是與工業的進步不可分離的，以及國民的幸福所不能免的，他便簡單地說，資產階級的幸福以勞動階級的災禍爲必要的條件。

波林先生向瀕死的工人所給的一切安慰，以及自由貿易者所謂報酬說，即是如此：

你們幾千萬垂死的工人不要絕望呵。你們可以安心地死呵。你們的階級不會滅亡。你們的階級常是占大多數，以致資本家不能都殺戮的，而無須害怕消滅你們的階級呵。再則，你們怎樣願意資本找着有利的使用，如果他沒有注意常常保持剝削的材料——工人，以便重新來剝削他？

但是，爲甚麼提出自由貿易的實現對於工人階級的地位所發生的影響，視爲更要解決的問題呢？自盎斯奈（Quesnay）以至李嘉圖，一切經濟學家所說明的一切法則，是在妨害商業自由的障礙再不存在的前提之下而成立的。這些法則因自由貿易實現而確定。

這些法則之第一個，即是競爭使一切商品的價格縮減到他的生產費之最低限度。因此工資的最低限度即是勞動的自然價格。而工資的最低限度是甚麼呢？正是爲生產工人生活的必要品使他好壞能夠營養，并且至少得以繁殖他的種子所必需的東西。

因此，我們不要以爲工人只有這種最低限度的工資，也不要以爲他常有這種最低限度的工資。

不然，根據這種法則，工人階級有時將比較幸福些。他有時將得到最低限度以上的工資；但是這種剩餘只能補足他在工業停滯時期所得比最低限度更少的部分而已。這就是說，在經常帶定期性的某一定時期中，卽工業經過發達，生產過剩，停滯，恐慌的變遷所形成的循環圈中，在這時期中，工人階級或得到最低限度以上的工資或得到最低限度以下的工資，換言之，工人階級只有經過許多的痛苦，貧困以及在工業戰鬥場中的流血犧牲以後，才能維持成爲階級。但是有甚麼關係呢？階級依然存續，而且日見擴大。

不僅如此。工業進步產生更加便宜的生存方法。例如，火酒代替了啤酒，棉花代替了羊毛與麻，幷且馬玲薯代替了麵包。

因此，如果常常設法用較便宜而輕賤的東西以營養勞動，則工資的最低限度日見減少。原來工資是爲使人類勞動而得到生活，結果使人類以機器生活而生活。他的生存除開簡單的生產力的價值以外，沒有別的價值，而資本家實際也是這樣看待他。

這種商品勞動，工資最低限度的法則卽以經濟學家的假定——自由貿易成爲一種眞理，一種事實而證明了。因此，或者否認根據自由貿易的假定之一切經濟學，或者承認在自由貿易之下，工人不能不爲經濟的法則之嚴峻所支配，二者必居其一。

總而言之：在現社會狀態之下，自由貿易是什麽呢？卽是資本的自由。如果把至今尚妨害資本發展之幾種國民的障礙破壞，則可以使資本的活動完全自由。祇要僱傭勞動與資本的關係繼續存在，商品與商品的交換常在最有利的條件之下而實行，則掠奪階級與被掠奪階級常常存在。自由貿易論者以爲資本之更有利的使用，可以消滅工業資本家與僱傭勞動者之間的對抗，實在很難使人了解的。事實恰好相反，資本家與勞動者對抗的結果，卽是這兩個階級的對立將更明顯地表示着。

有時你們承認，再沒有甚麽穀物稅，國稅與地方稅，總之，工人可以視爲他的貧困地位的原因之一切偶然的事情都消滅了，幷且你們把在工人的眼前掩蓋他的眞正的敵人之許多黑幕都揭穿了。

工人明白，成爲自由的資本比爲關稅所妨礙的資本，更加會使他變成奴隸。

先生們，你們不要爲自由那個抽象的字所欺騙。甚麽人的自由呢？這不是一個簡單的個人對別一個人的自由。這是資本要壓迫勞動者之自由。

因為自由只是根據自由競爭之一定的狀態之產物，你們怎樣還想用這種自由的理想批准自由競爭呢？

自由貿易使同一國民的各階級間所發生的博愛，我們已經說過了。自由貿易在地球各國民間所樹立的博愛，也決不是博愛的。以世界博愛的名字稱呼帶世界性的掠奪，這只是在資產階級的懷胎中所產生出來的一種思想。自由競爭使一國內所發生之一切破壞的現象，都大大地反映到世界的市場上了。我們無需更詳細地討論自由貿易者對於這個問題的詭辯，而這是與三位得獎者——霍普，莫爾斯與格勒格諸先生的議相同的。

例如，有人告訴我們，自由貿易引起國際之分工，因此使世界各國有與他的自然的利益相調和的生產。

先生們，你們或以為咖啡與砂糖的生產，即是西印度之自然的生產罷。

兩世紀以前，與商業絕少關係的自然界，既沒有使那些地方生長咖啡樹，又沒有生長甘蔗呢。

并且或許不到半世紀，在那里再不能找着咖啡與砂糖，因為東印度以最便宜的生產已經勝利的把西印度所謂天然的命運打倒了。而具有天然特產的西印度，與自手織時代發生以來同一命運之達加手織工一樣，已經成為英國人一種重大的負担。

還有一件永遠不要忘記的事情，即是一切都成為壟斷的，現在也有些工業部門，支配其他一切的工業，並使經營這種產業的國民掌握世界市場的支配權。因是在國際貿易中，惟有棉花，比其他一切為製造衣服所使用的原料，具有更大的商業上的價值。並且自由貿易論者在各工業部門中指出幾種特產物，以之於工業最發展的國家所最便宜生產的日用品相低償。

如果自由貿易論者不了解如何這一國犧牲別一國可以致富，則我們用不着驚異的，因為這些先生們也不求了解在一國的內部，這一個階級可以犧牲別一階級可以致富。

先生們，不要以為我們批評商業的自由，便有意擁護保護貿易制。

自命為立憲主義的仇敵的人，因之不會自命為專制主義的朋友。

再則，保護貿易制只是建立一國內大工業之一種方法，即使這國家依賴於世界市場之一種方法，而一國旣依賴於世界市場，則這國家多少卽已依賴於自由貿易。除此以外，

230　自由貿易問題

保護貿易制須在一國內部發展自由競爭。此所以在資產階級開始表現有階級意識的國家，例如德國，他即為取得保護關稅而大大地努力。所謂保護關稅，即是他們反對封建制度與專制政府之武器，即是集中他的勢力，實現在本國內部自由貿易之一種手段。

但是，大概就現在而言，保護貿易制是保守的，自由貿易制是破壞的。他破壞了舊日的國民性，而使資產階級與無產階級的對抗擴展到極端了。總而言之，商業自由的制度促進了社會革命。先生們，我所以贊成自由貿易者，只是就這種革命的意義而言。

一九二九年十月初版

1————1500

哲學之貧困

| 有著作權 | 實價八角 |

原 著 者　Karl Marx

翻 譯 者　杜竹君

出 版 者　水沫書店

上海水沫書店　門市部 上海四馬路
　　　　　　　發行部 上海北四川路公益坊